D1705751

Jung,
wild
und
anders

Mit
Frank
Buchholz
kochen

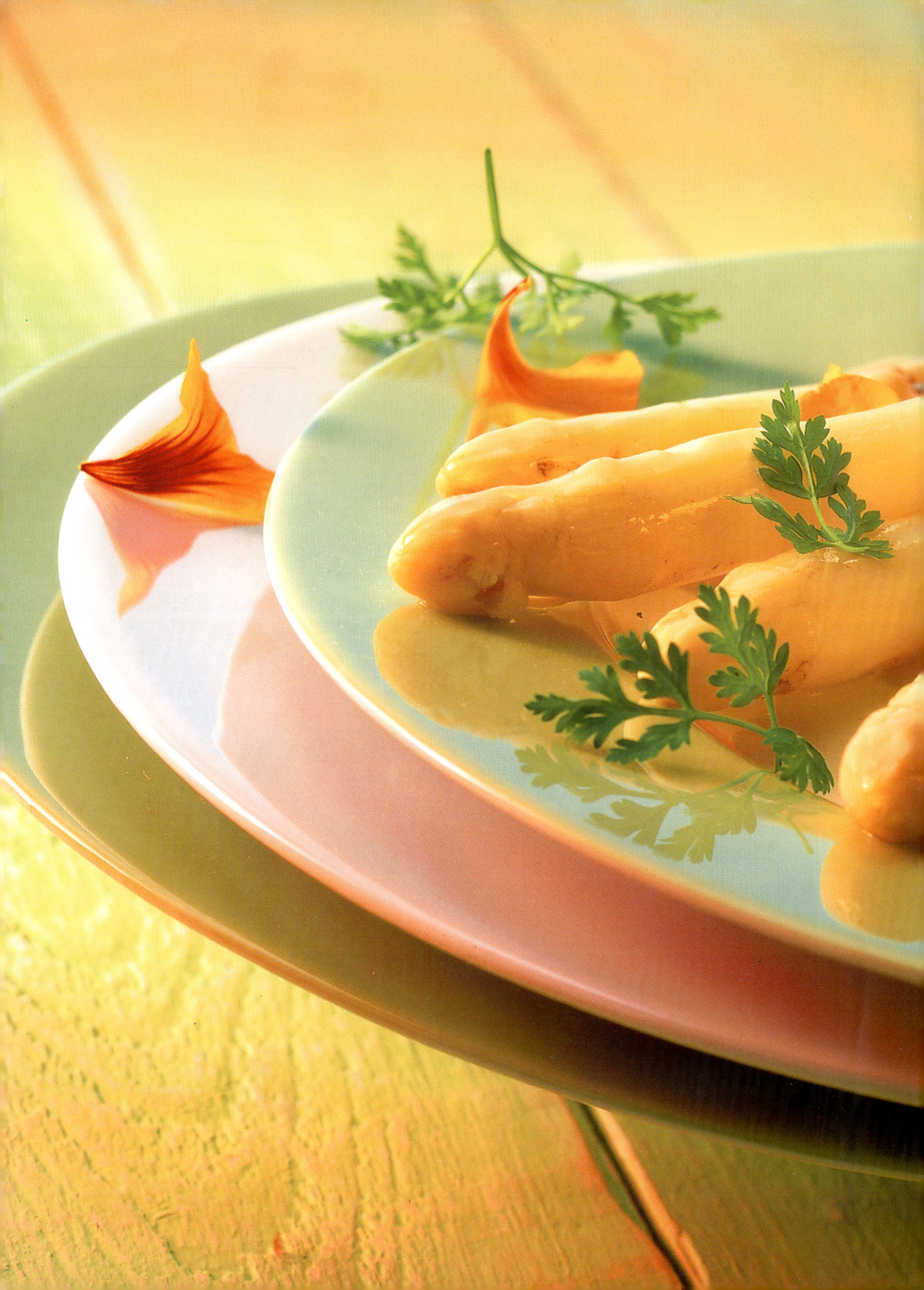

Mit Frank Buchholz kochen

Jung,
wild
und
anders

Fotos von
Amos Schliack

Inhalt

Vorwort **6**

Rezeptteil

Grundrezepte **10**

Tomaten **12**

Spargel **24**

Kräuter **36**

Zucchini **48**

Nudeln **60**

Beeren **72**

Pilze 84

Kartoffeln 96

Äpfel 106

Kohl 118

Kirschen 130

Rezeptverzeichnis, Register und Abkürzungen 140

Für Sie an Feder und Auslöser 142

Jung, wild und anders

– so soll auch mein Kochbuch sein. Für die gute alte Hausmannskost gibt es schon genug Anleitungen, ich will stattdessen junge Ideen, neue Ideen, ausgefallene Ideen servieren. Die fallen manchmal eben ein bisschen exzentrisch aus. Na und? Alle Regeln, auch die in der Küche, sind doch wie dafür gemacht, gebrochen zu werden.

Ich traue mich, Ungewöhnliches zu versuchen. Es gehört Mut dazu, anders zu sein, genauso wie Mut dazu gehört, anders zu kochen. Und Lust. Und Spaß. Und Leidenschaft. Und Fantasie. Ich koche nun mal zuallererst mit dem Bauch und dem Herzen und nicht mit dem Kopf. Einige Gastrokritiker haben mich deshalb einen „jungen Wilden" genannt. Das fand ich so unpassend nicht und habe den Begriff gleich zum Markenzeichen gemacht, zusammen mit ein paar Kollegen, die genauso „wild" drauf sind wie ich.

Doch „wild" ist nur die eine Seite der Medaille, die andere Seite schaut so aus: Meine Rezepte sind fachkundig, leicht verständlich und vielseitig kombinierbar. Was bei dieser Kreuzung am Ende herauskommt? Einfach ran an die Töpfe und ausprobieren. Eines dürfen Sie mir glauben, es geht leichter, als sich die meisten vielleicht denken.

Das werden vor allem die Novizen am Herd zu schätzen wissen, wenn sie sich an meinen einfacheren Rezepten versuchen, wie z. B. die „Hausge-

Ich koche gern mit frischen Zutaten. Und es ist ein gutes Gefühl, die Leute zu kennen, die dahinter stehen, wie mein „Kräutermann" B. Koch (S. 7 oben) und der Winzer J. J. Becker aus dem nahen Rheingau (S. 6 Mitte)

machten Bandnudeln mit Roquefortsauce" (S. 68) oder die „Kartoffelrösti mit Gemüsetatar" (S. 102). Dafür braucht man kein Koch-Diplom. Sie sind kinderleicht und trotzdem lecker. Natürlich kommen bei mir auch die auf den Geschmack, die schon reichlich Übung haben. Klar, bei den Gourmetrezepten geht's manchmal so richtig deftig zur Sache. Was da am Ende aufgetischt wird, hat dann aber auch Feinschmeckerqualitäten. Versuchen Sie mal die „Kartoffelravioli mit Pfifferlingen" (S. 88) oder die „Mais-Tomaten-Terrine" (S. 16). Aber wer will schon jeden Tag am Herd schuften? Manchmal darf's auch fix gehen. Von Fast Food soll da bei meiner „schnellen Küche" jedoch nicht die Rede sein, allenfalls von Formel Food – rasend schnell auf den Teller.

Für mich ist die Küche einer der aufregendsten Orte der Wohnung. Und wenn's bei Ihnen dank meinem Buch dort auch so richtig heiß hergehen sollte – um so besser. Auch wenn Seite 17 dabei einen Fettklecks abkriegt oder Seite 37 ein paar Zitronenspritzer und zwischen Seite 58 und 59 Salzkrümel knirschen. Fände ich absolut okay, weil ich dann wüsste: Mein Kochbuch ist wirklich gut, weil es tatsächlich benutzt wird. Denn was ich nicht will: Kollegen beeindrucken, in Kochchinesisch fachsimpeln oder Schnickschnack fürs Auge produzieren.

Ich will meine Leser auch zum Lernen verführen, ihnen Seite für Seite und Rezept für Rezept ein bisschen mehr von dem vermitteln, was ich unter der vollkommenen Kunst des Kochens verstehe. Denn wie zur Kunst die Fingerübung gehört auch zum Kochen eine solide Grundlage: die Theorie rund ums Produkt und seine Verarbeitung.

Um das so richtig anschaulich rüberzubringen, habe ich mich einfach an meine eigenen ersten Kochversuche

Was aus guten Zutaten und Fantasie werden kann, sehen Sie selbst: Apfelschmarren mit frischen Walnüssen (S. 6 links), Wiener Himbeeromelett (S. 6 unten) und Junger Ziegenkäse in Zucchinistreifen mit Vinaigrette (S. 7 oben)

Vorwort

erinnert, als ich glaubte, schon Ahnung zu haben und eigentlich keinen Schimmer hatte. Als ich glaubte, Kartoffeln zu kennen, und doch nur immer die eine Sorte kaufte, als ich glaubte, dass Nudeln immer nur fertig verpackt daherkommen. Die Köche, bei denen ich dann gelernt habe, haben mich schnell eines Besseren belehrt. Damals habe ich begriffen: Zu jedem Gemüse oder Obst, zu jedem Fleisch oder Fisch gehört eine kleine spannende Geschichte.

Dabei ist es auch wichtig zu wissen, worauf man achten muss, wenn man einkaufen geht, damit man wirklich die beste Ware bekommt. Nichts geht über frische Zutaten. So frisch wie möglich. Was der eigene Garten an Gemüse und Kräutern nicht hergibt, findet sich am besten auf dem Markt oder beim Bauern um die Ecke. Überhaupt: Dort macht der Einkauf erst so richtig Spaß. Ruhig bei den Händlern nachfragen, wenn man etwas nicht kennt, etwas Spezielles sucht oder beispielsweise genau über die Herkunft Bescheid wissen will. Ich kam da schon öfters ins Gespräch und muss sagen: Ratschläge haben die oft auf Lager, da staunt selbst der Profi.

Bei Kräutern bin ich besonders heikel. Am liebsten ziehe ich sie mir selbst heran. Für ein Kräuterbeet ist ja in fast jedem Garten oder auf jedem Balkon Platz. Ehrlich, es macht auch gar nicht viel Arbeit. Wer sich nicht die Mühe machen will, die Pflänzchen aus Samen zu ziehen, der kann auf bereits ausgewachsene Kräutergewächse zurückgreifen. Ich kann von Glück sagen, dass fast vor meiner Haustür ein Kräuterspezialist sitzt, bei dem ich wirklich jedes Kräutlein, und sei es

Saison bedeutet Aroma, und Aroma bedeutet Genuss. Gebackene Zucchiniblüten (S. 8 links), Pfifferlingtatar mit Artischocken und Spargel (S. 8 rechts), Honigkaramell mit Ziegenfrischkäse und Himbeeren (S. 9 Mitte) und Zitronenstrauchauflauf mit Ananassalbei-Krapfen (S. 9 unten) zeigen, was ich meine

Spaß beim Kochen ist wichtig – Spaß beim Einkaufen auch. Egal ob auf dem Spargelhof (S. 8 oben) oder auf dem Wochenmarkt (S. 9 oben)

noch so ein Exot, bekommen kann. Und nicht nur das, sein Kräuterwissen sowie sein Fingerspitzengefühl, was den Umgang mit Kräutern angeht, ist wirklich enorm. Ich bin jedesmal wieder beeindruckt.

Im Herbst heißt es, feste Schuhe anziehen, den Korb schnappen und zusammen mit meinem Hund Balu auf Pilzsuche gehen. Dies ist immer wieder Klasse. Ich freue mich schon darauf, wenn mein Sohn Jonas etwas größer ist und uns auf einer solchen Tour begleiten kann.

Doch logisch, dass gerade frische Zutaten nicht immer zu kriegen sind. Doch damit sie in der Küche immer Hochsaison haben, habe ich einige Tricks auf Vorrat, wie man die verschiedenen Lebensmittel vor- und zubereitet und wie man sie haltbar macht, sodass sie einem das ganze Jahr über zur Verfügung stehen.

Trockene Wissenschaft ist dabei nicht mein Stil. Dagegen habe ich zwei Mittel parat: zum einen jeweils den richtigen Wein zum Essen – viele davon vor Ort, also beim Winzer, eigenhändig und feuchtfröhlich getestet. Zum anderen eine unterhaltsame Beilage: meine ganz persönlichen Erlebnisse und Tipps zu vielen Rezepten.

Der erste Tipp gleich vorneweg: Eine Vorspeise darf nie zu schwer und ein Vorwort nie zu lang sein. Deshalb: Ab in die Küche.

Grundrezepte

Geflügelfond blanc
für ca. 1 l

Zubereitungszeit:
ca. 2 Stunden
Abkühlzeit: ca. 5 Stunden

ZUTATEN:
1 Suppenhuhn (à 800 g) oder
1 kg Geflügelknochen
30 g Butter
1 Stange Staudensellerie
1 Stange Lauch
1 Karotte
1 Schalotte
Salz
1/2 Lorbeerblatt
6 weiße Pfefferkörner
1 EL trockener Weißwein

1. Das Suppenhuhn halbieren und die Karkassen klein hacken. In einem hohen Topf die Butter erhitzen, das Huhn oder die Hühnerknochen zugeben, die geputzten, gewaschenen und in grobe Würfel geschnittenen Gemüse darin anschwitzen, ohne dass sie Farbe annehmen.

2. Alles leicht salzen, Lorbeerblatt und Pfefferkörner hinzugeben und mit dem Weißwein ablöschen. Vom Herd nehmen und völlig abkühlen lassen. (Das ist wichtig, damit der Fond später klar wird.)

3. Nun mit 1 1/2 l kaltem Wasser auffüllen, auf großer Flamme zum Kochen bringen, die Hitze reduzieren und den Fond etwa 2 Stunden leise köcheln lassen.

4. Von Zeit zu Zeit den Schaum, der sich auf der Oberfläche absetzt, abnehmen. Zum Schluss den Fond durch ein Sieb umgießen und abkühlen lassen.

Fischfond (Fumet de Poisson)
für ca. 1 l

Zubereitungszeit:
ca. 1/2 Stunde
Abkühlzeit: ca. 5 Stunden

ZUTATEN:
500 g Fischgräten
2 Schalotten
2 Champignons
1 Stück Lauch
1 Stück Staudensellerie
1 Tomate, gehäutet und entkernt
30 g Butter
1/4 Zitrone
6 weiße Pfefferkörner
1 Zweig Thymian
1 Zweig Petersilie
Salz
1/4 l trockener Weißwein

1. Die Fischgräten unter kaltem Wasser abspülen und abtropfen lassen. Das Gemüse putzen, waschen und in grobe Würfel schneiden.

2. Butter in einem Topf erhitzen, die Gemüse mit der Zitrone und den Gewürzen darin anschwitzen.

3. Dann die Fischgräten zugeben, alles salzen, mit dem Weißwein ablöschen, mit 1 l Wasser auffüllen und aufkochen. Den Fond 20 bis 25 Minuten leise köcheln lassen und mehrmals abschäumen.

4. Dann durch ein Sieb umgießen, abkühlen lassen und, was nicht sofort verbraucht wird, portionsweise einfrieren.

Kalbsfond (Fond blanc)

für ca. 2 l

1. Das Gemüse putzen, waschen und in grobe Würfel schneiden. In einem hohen Topf die Butter erhitzen und die Knochen, Parüren und das Gemüse darin anschwitzen, ohne dass es Farbe annimmt.

2. Alles salzen, Lorbeerblatt und Pfefferkörner zugeben und mit dem Weißwein ablöschen. Von der Platte nehmen und diesen Ansatz völlig abkühlen lassen, sonst wird später der Fond nicht klar.

3. Dann den Ansatz mit 3 l kaltem Wasser auffüllen und zum Kochen bringen. Die Hitze sofort reduzieren und den Fond 2 Stunden auf sehr kleiner Flamme köcheln lassen.

4. Durch ein Sieb umgießen, abkühlen lassen und, was nicht sofort verbraucht wird, portionsweise eingefrieren.

Zubereitungszeit: ca. 2 Stunden
Abkühlzeit: ca. 5 Stunden

ZUTATEN:
1 Stück Staudensellerie
1 Stange Lauch
2 Karotten
2 Schalotten
60 g Butter
2 kg klein gehackte Knochen und Parüren vom Kalb (gibt's beim Metzger)
Salz
1 Lorbeerblatt
10 weiße Pfefferkörner
1/4 l Weißwein

Gemüsebrühe

für ca. 1 l

1. Das Gemüse, bis auf die Tomaten, waschen und putzen, nach Bedarf schälen und in etwa 1 cm große Stücke schneiden. Die Butter in einem hohen Topf erhitzen. Das vorbereitete Gemüse darin anschwitzen, aber nicht braun werden lassen. Leicht salzen und pfeffern.

2. Das Lorbeerblatt dazugeben und das Gemüse mit dem Weißwein ablöschen. Von der Kochstelle nehmen und vollständig erkalten lassen. Dies ist wichtig, damit die Brühe später nicht trüb wird.

3. Das Gemüse mit 1 1/2 l Wasser auffüllen. Die Tomaten dazugeben und die Flüssigkeit aufkochen. Bei schwacher Hitze kochen lassen. Dabei von Zeit zu Zeit den Schaum abheben.

4. Nach 30 bis 45 Minuten den Liebstöckelzweig etwa 2 Minuten in die Brühe geben. Dann die Brühe durch ein mit einem feinen Tuch ausgelegtes Sieb umgießen. Das Gemüse mit einem Löffel gut ausdrücken. Die Gemüsebrühe abkühlen lassen und, was nicht verbraucht wird, portionsweise einfrieren oder im Kühlschrank gut verschlossen aufbewahren.

Zubereitungszeit: ca. 1 Stunde
Abkühlzeit: ca. 5 Stunden

ZUTATEN:
1 Schalotte
1 Stange Staudensellerie
1 Stange Lauch
1 Möhre
1/2 Fenchelknolle
50 g Butter
1 TL Salz
weißer Pfeffer aus der Mühle
1 Lorbeerblatt
300 ml trockener Weißwein
2 Tomaten
1 Zweig Liebstöckel

Tomaten

Sehr skeptisch müssen die spanischen Seefahrer das Nachtschattengewächs beäugt haben, das sie vor rund 500 Jahren aus Südamerika nach Europa schipperten. Lecker sahen die Früchte aus, doch giftig sollen sie gewesen sein. Ob damals ein Matrose aus Versehen vom Grünzeug genascht hat?
Denn die Stängel und Blätter enthalten tatsächlich das unverträgliche Alkaloid, das Kopfschmerzen und Übelkeit verursachen kann. Die unschuldige Tomate jedenfalls hatte noch lange gegen das Vorurteil zu kämpfen, dass sie ungenießbar sei – und musste ihr Dasein zunächst als Zierpflanze fristen. Erst um 1890 kamen die Deutschen ihr auf den Geschmack.

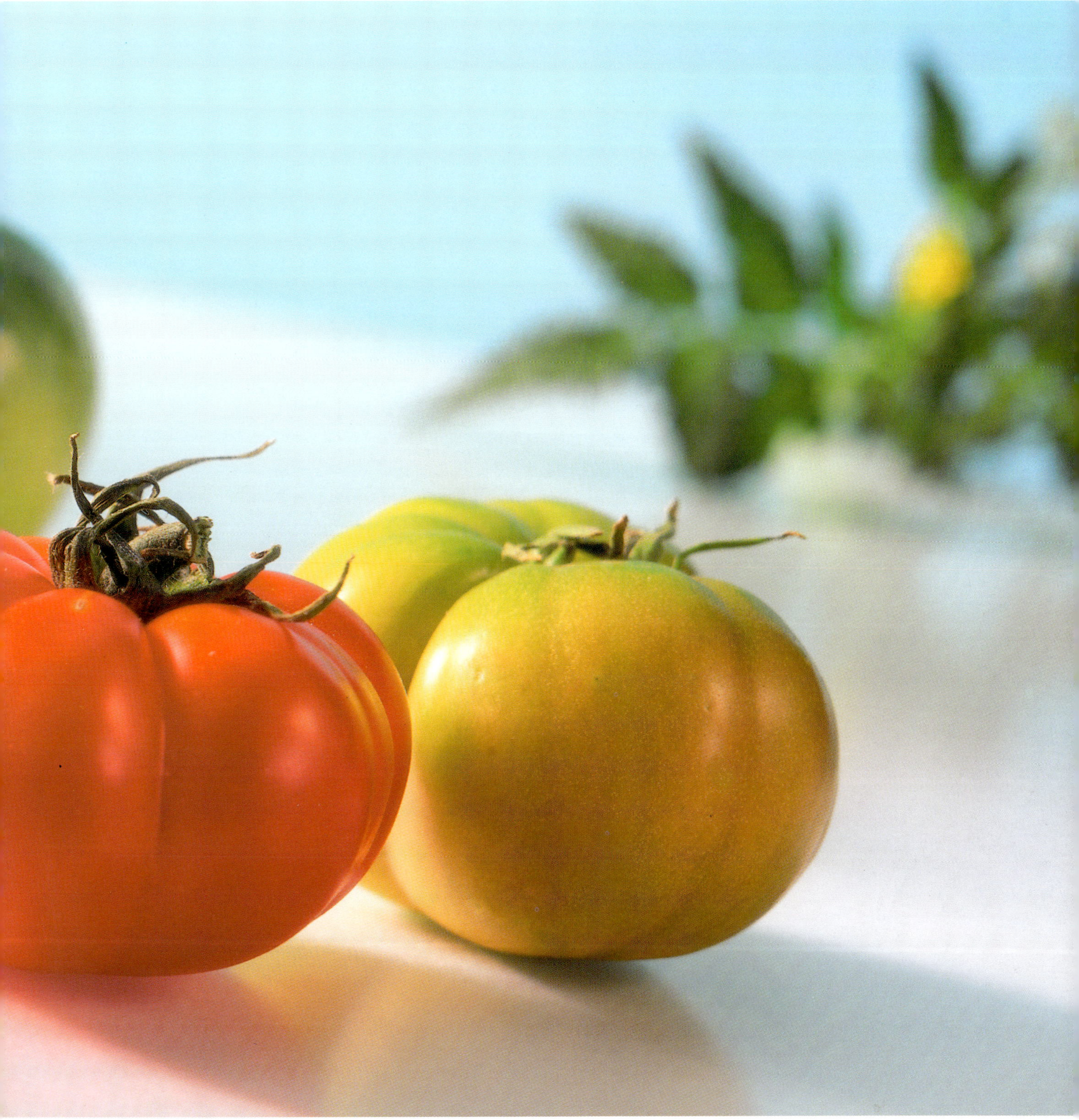

Warenkunde

Tomaten

Ein sonniger Platz im eigenen Garten ist natürlich der beste Ort, um Tomaten zu ihrer Spitzenform heranreifen zu lassen. Je mehr Sonne, je länger am Strauch, desto mehr Vitamine (13 verschiedene genau genommen), Zucker und Aroma entwickeln sich im Fruchtgemüse. Zudem enthält es viele Mineralstoffe wie Kalium, Kupfer und Magnesium. Noch nicht genug des gesunden Inhalts: Die organischen Säuren der Tomate regen die Verdauung an; das Hormon Serotonin muntert auf, beruhigt bei Stress und hilft beim Schlafen; Tomaten sind gut für Herz und Kreislauf – und sie zählen zum kalorienärmsten Gemüse: 100 g haben nur 14 Kalorien.

Es gibt verschiedene Tomatensorten, die an ihrer Form leicht erkennbar sind:
- die „normalen" Kugeltomaten: angenehmer Geschmack durch hohe Fruchtsäure;
- Kirsch- oder Cocktailtomaten: süßlich, eignen sich wegen der putzigen Form auch zum Einlegen oder als Dekoration;
- Flaschentomaten: süßlich, lassen sich sehr gut schälen;
- Fleischtomaten: süßer als Kugeltomaten, weniger Kerne, dickere Fleischwände, sind schnittfester, eignen sich zum Füllen;
- gelbe Tomaten: schnittfest, etwas süßlich und haben nur wenig Säure. Sie werden in den Monaten Juli und August angeboten;
- grüne Tomaten: dies sind noch nicht reife rote Tomaten, die sich jedoch gut zum Braten oder für Chutney eignen.

Einkaufstipps

Wenn schon nicht der eigene Garten, dann sollte es am besten Freilandware sein. Die gibt es von August bis September. Aus dem Treibhaus kommen die Tomaten von Mitte April bis Mitte Juni. Die restliche Zeit versorgen uns vor allem Erzeuger aus wärmeren Regionen wie z. B. Spanien, die Kanarischen Inseln, Albanien, Portugal, Italien oder die Türkei.

Die Schale der Tomaten sollte beim Kauf glatt und unverletzt sein und darf keine Faulstellen haben. Vorsicht: Keine zu weichen Früchte kaufen.

Tomaten gibt es heute auch in getrockneter Form als „pomodori secco" in gewürztem Öl eingelegt. So lassen sie sich einfach zum Würzen von Saucen oder als Zutat zu Vorspeisen wie Mozarella verwenden.

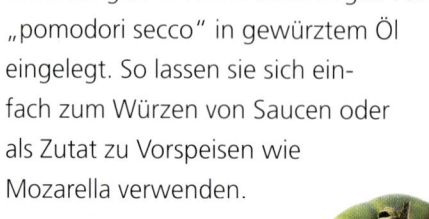

Zubereitungstipps

Tomaten sind sozusagen die S-Klasse unter dem Gemüse. Sie passen in Salate (geviertelt) oder in Suppen und Saucen (gewürfelt oder passiert). Und sie schmecken super als Beilage: geschmort oder gebacken.

Oder als Vorspeise auf Bruschetta: Tomaten häuten, fein würfeln, mit streifig geschnittenem Basilikum mischen, mit Salz und Pfeffer würzen, auf gerösteter und mit Knoblauch eingeriebener Baguettescheibe anrichten, mit Olivenöl beträufeln.

Die schnellste Variante: ganz einfach mit Mozarella und Basilikum servieren.
Die schärfste Version: eingelegt in Essig, mit Knoblauch und Rosmarin.
Die schmackhafteste Gewürz-Liaison: Basilikum, Rosmarin und Thymian.

Aufbewahrung

Tomaten sind einfach Nachtschattengewächse: Sie mögen es am liebsten dunkel, dann halten sie sich bis zu fünf Tage, Freilandtomaten mit einer schwachen Grünfärbung nur bis zu drei Tage. Wer ihren Reifeprozess ein wenig beschleunigen will, sollte sie neben reifen Äpfeln lagern (die strömen Äthylen aus).

Tomaten am besten bei Zimmertemperatur und nicht im Kühlschrank lagern.

Der mag zwar ihre Überlebenszeit kurzfristig verlängern, aber zugleich entzieht er ihnen Aroma, und sie werden hart.

Tomaten

Mais-Tomaten-Terrine
für 4 Personen

Zubereitungszeit: 1½ Stunden
Kühlzeit: ca. 1½ Stunden

FÜR DIE TERRINE:
600 ml Milch
Salz
frisch gemahlener weißer Pfeffer
etwas geriebene Muskatnuss
190 g Butter
150 g Maismehl
4 Fleischtomaten
100 g Spinatblätter
4 junge Maiskolben
300 g Sahne

1 Terrinenform von
ca. 15 cm Länge,
6 cm Breite, 7 cm Höhe

FÜR DIE VINAIGRETTE:
2 EL Aceto Balsamico
1 EL Sherryessig
Salz
frisch gemahlener weißer Pfeffer
3 EL Olivenöl

FÜR DEN SALAT:
2 Fleischtomaten
50 g Rucola

MENÜVORSCHLAG
Mais-Tomaten-Terrine
Ricottaravioli mit Olivenvinaigrette (S. 64)
Honigkaramell mit Ziegenfrischkäse und Himbeeren (S. 78)

GETRÄNKEEMPFEHLUNG
Dazu passt ein Rotwein mit angenehmen, weichen Fruchtaromen, z.B. ein 1996er Poggio alla Badiola aus Castellina (Chianti)

1. Den Backofen auf 220 °C vorheizen. Die Milch mit Salz, Pfeffer und wenig Muskat aufkochen. 40 g Butter und das Maismehl zügig einrühren. Die Polenta von der Kochstelle nehmen, zugedeckt im Backofen etwa 25 Minuten garen.

2. Inzwischen 1 l Wasser aufkochen. 4 Tomaten für 1 bis 2 Minuten hineingeben, herausnehmen und in Eiswasser abschrecken. Die Tomaten häuten, vierteln und die Kerne entfernen. Nun 10 g Butter in einer Kasserolle erhitzen und die Tomatenviertel darin etwa 1 Minute andünsten. Mit Salz und Pfeffer würzen und zur Seite stellen.

3. Zum Blanchieren der Spinatblätter etwa ¾ l Salzwasser zum Kochen bringen. Den Spinat putzen und waschen, dann in dem Salzwasser etwa 1 Minute blanchieren. Die Blätter durch ein Sieb abgießen und sofort in Eiswasser geben. Anschließend die Blätter gut abtropfen lassen und einzeln auf einem Küchentuch ausbreiten.

4. Die Maiskörner vorsichtig mit einem Messer von den Kolben schneiden. 50 g Butter in einer Kasserolle erhitzen. Nach etwa 1 Minute ist die Butter hellbraun und hat einen nussigen Geschmack. Die Maiskörner sofort dazugeben, die Kochstelle abschalten. Den Mais mit Salz würzen und in der Butter mehrmals schwenken. Die Maiskörner auf Küchenkrepp geben.

5. Die Polenta aus dem Backofen nehmen und mit einer Gabel auflockern. 80 g in Stücke geschnittene Butter und die Sahne unter die Polenta mischen. Die Masse abschmecken und lauwarm abkühlen lassen. Dabei immer wieder durchrühren.

6. Die Terrinenform mit der restlichen Butter auspinseln und 2 bis 3 Minuten in den Kühlschrank stellen. Die Zutaten lagenweise in die Form einschichten: Zuerst etwa 1 cm hoch Polenta verteilen und glatt streichen. Eine Lage Spinatblätter darauf legen und diese ganz dünn mit Polenta bestreichen. Nun eine Schicht gedünstete Tomatenviertel einlegen, wieder ganz dünn mit Polenta bestreichen und mit einer Lage Spinatblättern belegen. 2 Esslöffel Polenta mit den Maiskörnern mischen und auf die Spinatlage geben. Die restlichen Zutaten wie beschrieben einfüllen, mit einer Schicht Polenta abschließen und glatt streichen. Die Terrine etwa 1½ Stunden in den Kühlschrank stellen.

7. Für die Vinaigrette den Aceto Balsamico mit dem Sherryessig, Salz und Pfeffer verrühren. Das Olivenöl unterschlagen. Die Tomaten würfeln. Den Salat waschen und trockentupfen.

8. Die Terrinenform kurz in heißes Wasser tauchen, die Terrine auf ein Holzbrett stürzen. Mit einem Elektromesser in etwa 1½ cm dicke Scheiben schneiden und auf Teller legen. Den Salat durch die Vinaigrette ziehen, die Tomatenwürfel mit der Vinaigrette mischen und die Terrine damit garnieren.

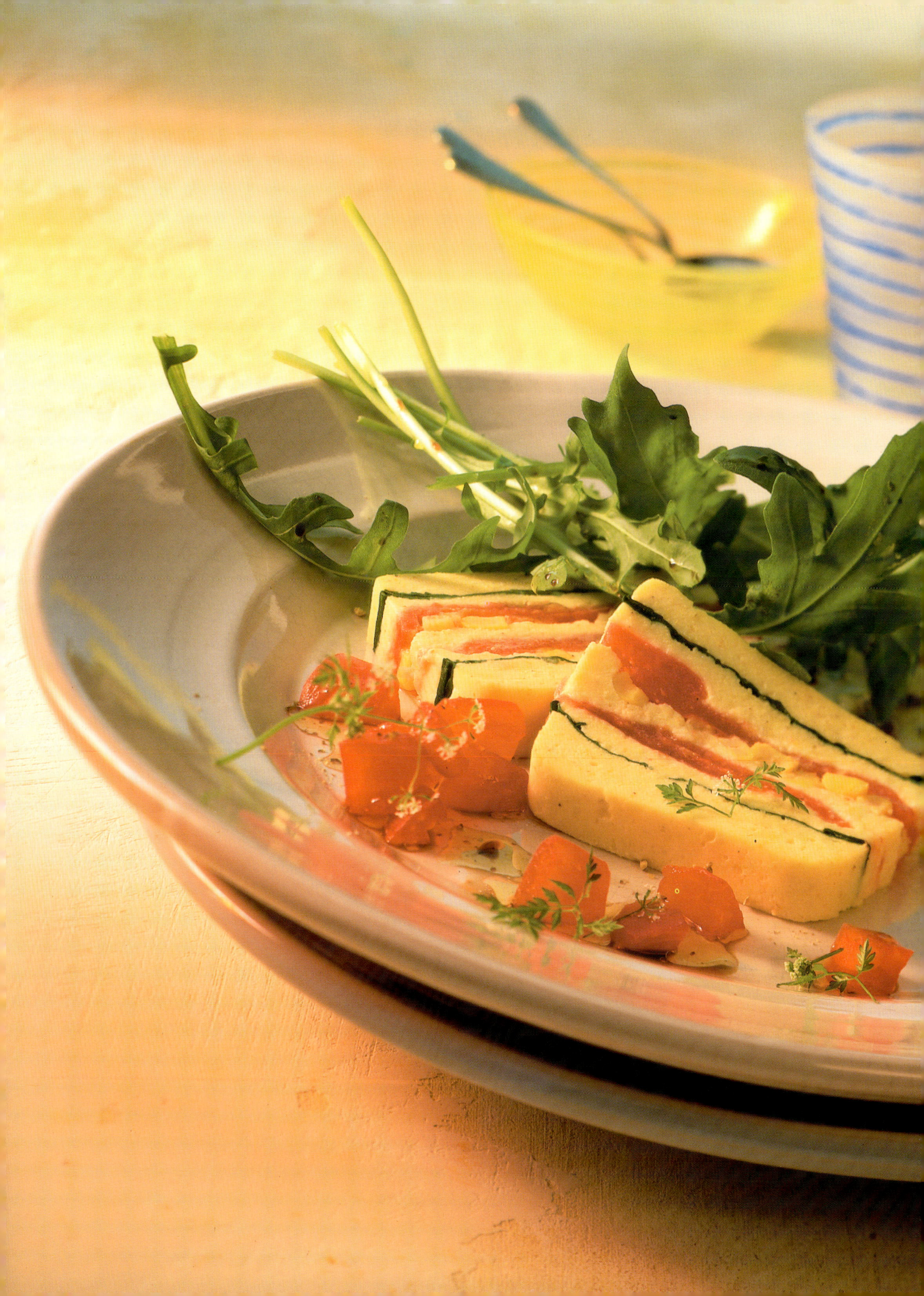

Tomaten

Gazpacho
für 4 Personen

Zubereitungszeit:
ca. 30 Minuten
Kühlzeit: ca. 1 Stunde

ZUTATEN:
380 g Tomaten
300 g Salatgurken
340 rote Paprikaschoten
100 ml Mayonnaise
1 Prise Salz
etwas Rotweinessig
1 Knoblauchzehe

MENÜVORSCHLAG
Gazpacho
Kartoffelchips mit Lachs und Rucola (S. 100)
Kirschtartes (S. 138)

GETRÄNKEEMPFEHLUNG
Dazu passt ein saftiger Rosé, z.B. ein 1998er Artadi Rosado aus Laguardia (Rioja)

1. Die Tomaten waschen, vierteln und anschließend die Stielansätze entfernen. Die Salatgurken schälen sowie die Paprikaschoten waschen, vierteln, die Stielansätze, die weißen Trennwände und die Kerne entfernen. Tomaten, Salatgurken und Paprikaschoten einzeln mixen und anschließend den Saft durch ein feines Sieb oder ein Tuch geben.

2. Die Mayonnaise in eine große Schüssel geben. Den ausgepressten Gemüsesaft mithilfe eines Schneebesens langsam in die Mayonnaise einrühren, sodass das Ganze recht flüssig wird. Anschließend die Suppe mit Salz und Rotweinessig abschmecken.

3. Die Knoblauchzehe schälen, auf eine Gabel stechen und zum Aromatisieren so ein- bis zweimal durch die Suppe ziehen. Die Suppe auf Eis oder im Kühlschrank gut durchkühlen lassen.

4. Zum Servieren die Suppe in gekühlte Suppentassen füllen und nach Belieben mit frisch gerösteten Brotcroûtons sowie einigen Blättchen frischer glatter Petersilie servieren.

Frank Buchholz: Mein Profi-Tipp

Es macht ein bisschen Mühe, es braucht ein bisschen Zeit. Aber der Aufwand lohnt. Nichts kommt an eine selbst gemachte Gazpacho heran, aus der man die Frische des Gemüses herausschmecken kann.

Ganz persönlich

Aus meiner Zeit in Spanien weiß ich: Den Spaniern geht nichts über ihre Gazpacho. Nicht einmal eine Paella kommt an sie heran. Gazpacho gilt als das Nationalgericht schlechthin, das an heißen Sommertagen ebenso gut schmeckt wie als leichtes Gericht am Abend oder als Auftakt eines stimmungsvollen Menüs. Wenn während meiner Zeit in Spanien deutsche Gäste zu Besuch kamen, wurde immer diese leckere Gazpacho gereicht.

Variation
Selbst gemachte Mayonnaise
für Gazpacho

Zubereitungszeit:
10 Minuten

ZUTATEN FÜR 100 ML:
2 Eigelb
1 TL Senf
frisch gemahlener
weißer Pfeffer
1 Prise Salz
50 ml Öl

1. Die Eigelbe in eine Edelstahlschüssel geben und zusammen mit dem Senf, Pfeffer und Salz kräftig aufschlagen.
2. Anschließend das Öl tropfenweise vorsichtig und unter ständigem Rühren in die Eigelbmasse geben. Bis zur Verwendung sollte die Mayonnaise kühl gestellt werden.

Toskanische Focaccia mit Mozzarella und gebratenen Tomaten

für 4 Personen

Zubereitungszeit: ca. 3/4 Stunde
Garzeit: ca. 1 Stunde
Kühlzeit: ca. 1/2 Stunde

FÜR DIE FOCACCIA:
625 g Mehl
375 ml lauwarmes Wasser
1 Würfel frische Hefe
1 EL Milch
4 EL Olivenöl
1 EL Salz
1 Bund Rosmarin
Fett für das Blech
Wasser, Olivenöl und Salz zum Bestreichen und Bestreuen

FÜR DIE BASILIKUMSAUCE:
1 Bund Basilikum
2 Frühlingszwiebeln
1 EL Butter
50 g Kartoffel, geschält
375 ml Gemüsebrühe (Fertigprodukt oder Rezept S. 11)
1 Prise Salz

FÜR DIE GEBRATENEN TOMATEN:
4 feste Tomaten
Salz, Pfeffer
Fett für das Blech

ZUM ANRICHTEN:
300 g Mozzarella
gemischte Salatblätter

MENÜVORSCHLAG
Toskanische Focaccia mit Mozzarella und gebratenen Tomaten
Pfifferlingtatar mit Artischocken und Spargel (S. 28)
Crème brûlée mit Apfelragout (S. 114)

GETRÄNKEEMPFEHLUNG
Dazu passt ein vollmundiger Barolo, z.B. ein 1997er Barolo DOCG aus Terre di Barolo (Piemont)

1. Das Mehl auf eine Arbeitsfläche häufen. Die Hefe in ein wenig von dem lauwarmen Wasser auflösen, dann Milch, Olivenöl und Salz einrühren.

2. Die Hefemischung in eine Vertiefung im Mehl gießen und nach und nach mit dem restlichen Wasser und dem gesamten Mehl zum Teig verarbeiten. Zu einer glatten Kugel rollen, mit einem Küchentuch abdecken und eine Stunde gehen lassen. Den Backofen auf 220 °C vorheizen.

3. Den Rosmarin waschen, trocknen und die Nadeln abzupfen. Den Teig 5 mm dünn ausrollen, ausschneiden und 4 Kreise auf ein gefettetes Blech legen. Mit Wasser besprengen, mit Olivenöl bepinseln und mit Rosmarin und Salz bestreuen. 8 bis 10 Minuten im heißen Ofen backen, dann erkalten lassen. Den Ofen angeschaltet lassen.

4. In der Zwischenzeit die Frühlingszwiebeln waschen, hacken und in 1 Esslöffel Butter goldgelb braten. Die in dünne Scheiben geschnittene Kartoffel, die Hälfte des Basilikums, die Brühe und 1 Prise Salz hinzufügen. Alles einmal aufkochen und anschließend 10 Minuten ziehen lassen. Diese Mischung dann mit dem restlichen Basilikum im Mixer pürieren.

5. Die Tomaten mit einem Kartoffelschäler enthäuten, halbieren, entkernen und in Scheiben schneiden. Salzen und pfeffern und auf ein gefettetes Backblech setzen. Im heißen Backofen karamellisieren lassen.

6. Die Fladenbrote halbieren. Den Mozzarella in 12 Scheiben schneiden. Die Brote mit je 3 Mozzarellascheiben, 2 Löffeln Basilikumsauce und einigen Tomatenscheiben füllen. Mit den Salatblättern anrichten.

Frank Buchholz: Mein Profi-Tipp

Am besten verwendet man Büffelmozzarella, da dieser schön saftig ist. Frischen, handgerollten Büffelmozzarella sollte man binnen 1 bis 2 Tagen verzehren. Zum Garnieren eignen sich Rucola und Radicchio.

Ganz persönlich

Am Anfang meiner Kochzeiten lernte ich den Mozzarella als einen geschmacklosen Käse kennen, doch jetzt weiß ich, dass man den Büffelmozzarella hervorragend für leichte italienische Speisen einsetzen kann.

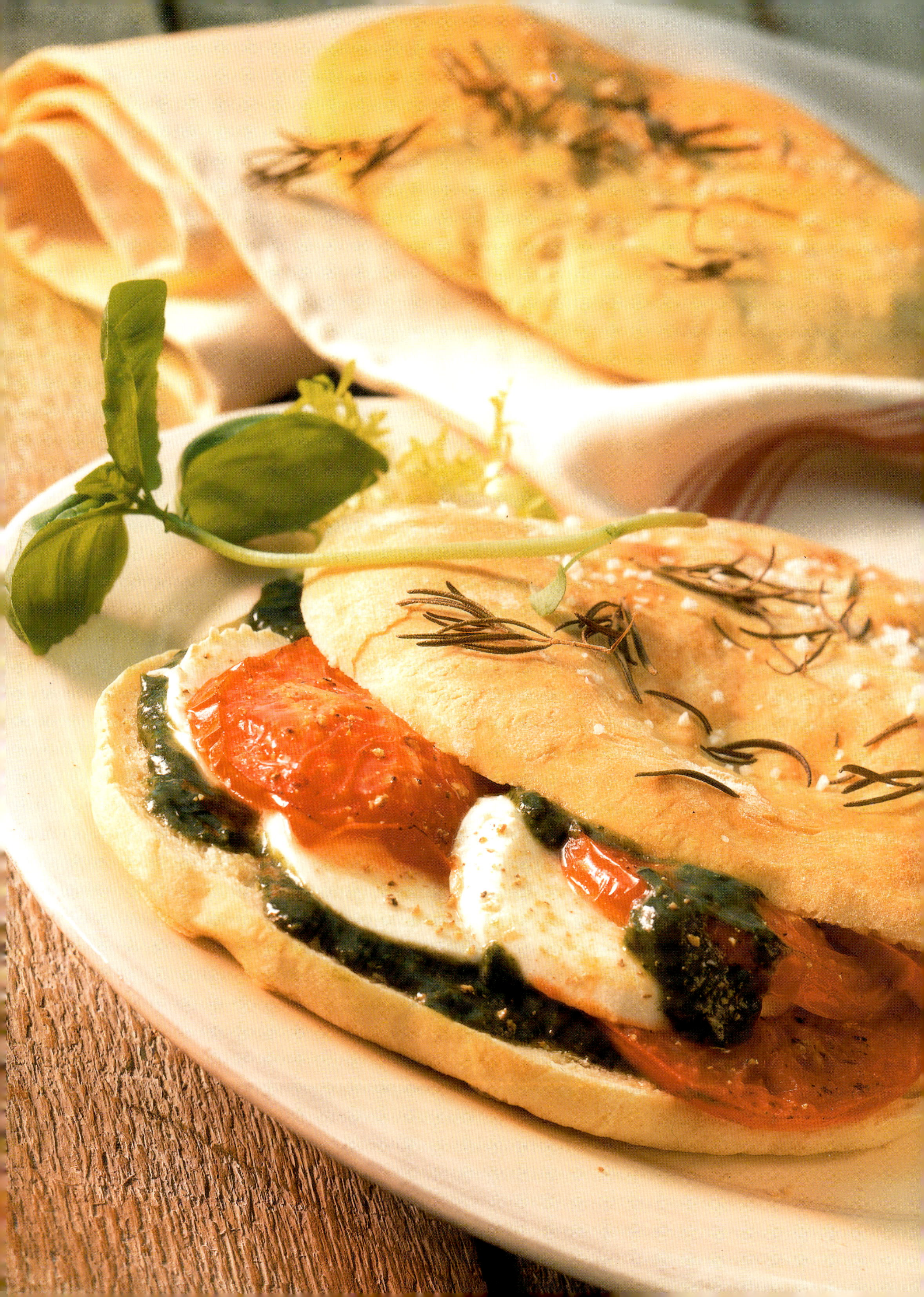

Tomaten

Thunfischcarpaccio mit Grilltomaten

für 4 Personen

Zubereitungszeit: ca. 1/2 Stunde

FÜR DIE GRILLTOMATEN:
4 reife Strauchtomaten
1 Knoblauchzehe
je 1 Bund Thymian, Rosmarin, Basilikum
1 EL Öl, Salz, Pfeffer

FÜR DAS CARPACCIO:
300 g frisches Thunfischfilet
(wenn möglich Sushi-Qualität)

FÜR DAS DRESSING:
1 Eigelb, 1 Msp. Senf
1 EL Himbeeressig
3 EL Sherryessig
1 EL Aceto balsamico
200 ml Maiskeimöl
200 g Sahne
2 Knoblauchzehen
1/2 Zweig Rosmarin
2 Zweige Basilikum
Salz, Pfeffer
6 EL reduzierter Noilly Prat
(Ausgangsmenge: 1/4 l)

FÜR DAS BASILIKUMÖL:
1 Bund Basilikum
je 5 TL Oliven- und Maiskeimöl
1 Prise Salz

ZUM ANRICHTEN:
2 Bund Rucola
5 Scheiben Toastbrot
etwas Butterschmalz zum Braten
Salz, Pfeffer

MENÜVORSCHLAG
Thunfischcarpaccio mit Grilltomaten
Spargel-Morchel-Ragout (S. 30)
Scheiterhaufen (S. 116)

GETRÄNKEEMPFEHLUNG
Dazu passt ein weiß gekelterter Spätburgunder, z.B. ein trockener 1998er Spätburgunder Qualitätswein vom Weingut Kruger-Rumpf aus Münster (Nahe)

1. Die Tomaten häuten (siehe unten). Dann die Tomaten vierteln, die Stielansätze entfernen und die Früchte entkernen.

2. Den Knoblauch schälen und fein hacken. Die Kräuter waschen, trocknen und die Blättchen abzupfen. Nach Bedarf etwas kleiner zupfen. Die Tomatenfilets mit den restlichen Zutaten anbraten und bei schwacher Hitze etwa 5 Minuten garen. Das Thunfischfilet in 4 Tranchen schneiden und zwischen 2 Klarsichtfolien plattieren.

3. Für das Dressing Eigelb, Senf und die Essige verrühren. Das Öl nach und nach unterschlagen und die Sahne untermixen. Den Knoblauch schälen. Rosmarin und Basilikum waschen, trockentupfen und mit dem Knoblauch im Dressing ziehen lassen, abpassieren und das Dressing mit Salz, Pfeffer und dem Noilly Prat abschmecken.

4. Von den Rucolablättern den Stiel entfernen, die Blätter gut waschen und trockentupfen. Das Toastbrot entrinden, in feine Würfel schneiden, in einer Pfanne im Butterschmalz goldgelb rösten.

5. Für das Basilikumöl das Basilikum waschen, trocknen, die Blätter abzupfen, mit dem Öl und Salz gut mixen.

6. Die Grilltomaten auf einem vorgewärmten Teller anrichten, das Carpaccio obenauf setzen, mit Salz und Pfeffer würzen. Rucola marinieren und locker außen herum legen, mit dem Basilikumöl beträufeln und die Croûtons darüber streuen.

Frank Buchholz: Mein Profi-Tipp

Am besten ist Sushi-Qualität, das heißt ein mittleres Rückenfilet, welches an Zartheit und Farbe dem Kalbsfilet gleicht.

Tomaten häuten: Die Tomaten über Kreuz einritzen, kurz in kochendes Wasser geben und in kaltem Wasser abschrecken. Dann die Haut der Tomaten abziehen.

Variation
Ofentomaten
für 4 Portionen

Zubereitungszeit: ca. 1/2 Stunde

ZUTATEN:
8 Tomaten
2 EL Rotweinessig
1 Prise Salz
1 Prise Zucker
Pfeffer aus der Mühle

1. Den Backofen auf 120 °C vorheizen. Die Tomaten kurz in kochend heißes Wasser geben, abschrecken und enthäuten. Dann vierteln, die Stielansätze herausschneiden und die Früchte entkernen. Die Kerne aufheben.

2. Tomaten auf ofenfesten Tellern auslegen. Tomatenkerne nur kurz mixen, mit Essig, Salz, Zucker und Pfeffer abschmecken und darüber geben. Anschließend im Ofen 30 Minuten garen.

Spargel

Die alten Ägypter waren vermutlich die ersten, die den Asparagus officinalis, den Gemüsespargel, kultivierten und ihn – kostbar war er schon damals – ihren Göttern als Gabe darboten. In der Antike opferte dann manch Sterblicher ein Vermögen für das köstliche Luxusgemüse, weil er wie Aristophanes, Cato, Lukullus und Kaiser Augustus dem edlen Geschmack des noch ausschließlich grünen Gewächses verfallen war. Es war wahrscheinlich der geniale Gärtner Jean de la Quintinie, der für Sonnenkönig Ludwig XIV. Spargel erstmals in angehäufelten Beeten gezogen hat, um dessen Saison zu verlängern. Mit den Erdhügeln war die Grundlage für die weiße Farbe des Spargels angelegt.

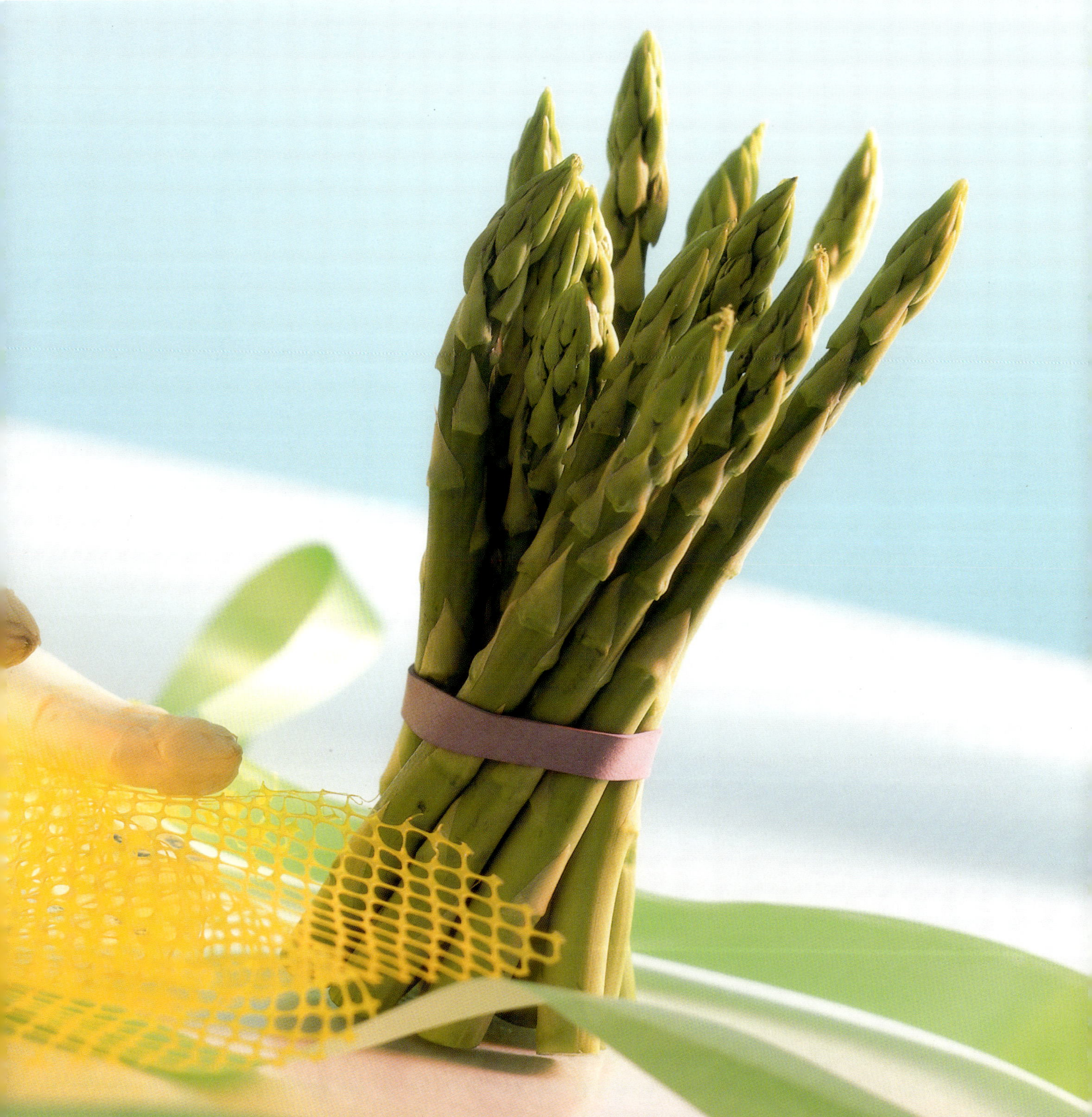

Warenkunde

Spargel

Spargelsorten

Grün, mit lila Köpfen oder ganz im violetten Kleid – Spargel muss nicht immer jungfräulich weiß daherkommen. Er wird überall dort angebaut, wo die Böden leicht und sandig sind. Frankreich, Spanien und Griechenland liefern Spargel jeder Couleur nach Deutschland. Die unterschiedlichen Färbungen hängen davon ab, wie viel Licht der Spargel bekommt. Er bleibt weiß, wenn er – wie hierzulande üblich – in dunklen Erdhügeln heranwächst und gestochen wird, bevor sich seine Spitze zeigt. Lila-grünlich ist der Kopf, wenn er sich vor der Ernte ein wenig sonnen darf, und grüner Spargel wächst oberirdisch auf.

Egal welche Farbe, Spargelstangen sind immer arm an Kalorien, aber richtige Kraftprotze, was die Nährstoffe angeht: 100 g enthalten nur 17 kcal, dafür aber Kalium, Eisen, Provitamin A, Vitamin E, B1, B2, B6 und C. Sie wirken entwässernd und regen die Verdauung an.

Einkaufstipps

Wenn die kurze deutsche Spargelsaison (Mai bis Ende Juni) zu Ende geht, dann versorgen uns Frankreich, Spanien, die Niederlande, Griechenland, Italien, Südafrika, Argentinien, Polen, Ungarn und Chile mit Ware.

Qualität und Frische sollte man mit (fast) allen Sinnen testen:

▪ Der Sehtest: Die Spargelstangen dürfen nicht hohl oder gespalten sein und sollten eine gerade gewachsene Form, eine seidig glänzende Schale und geschlossene weiße Köpfe haben. Die Schnittstellen müssen frisch sein und dürfen keine Braunfärbung aufweisen.

▪ Der Lauschtest: Frischer, weißer Spargel „klingt", wenn man zwei Stangen aneinander klopft, und „quietscht", wenn man sie aneinander reibt.

▪ Der Drucktest: Bei leichtem Druck auf das Schnittende tritt Saft aus; rissige und trockene Schnittstellen weisen auf eine längere Lagerzeit hin.

▪ Der Riechtest: Zu alter Spargel riecht übel.

Pro Person sollte man mit 250 bis 500 g Spargel rechnen.

Grüner Spargel wird im Gegensatz zum weißen nur am unteren Ende geschält, anschließend werden die holzigen Enden abgeschnitten.

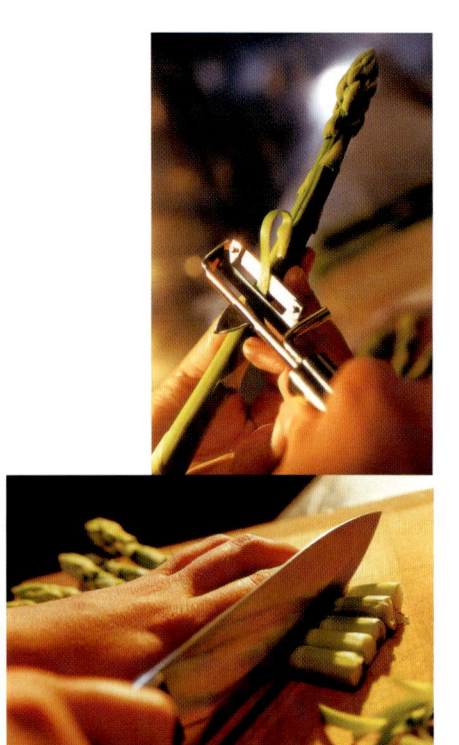

Zubereitungstipps

Spargel darf unter fließendem Wasser abgebraust werden, aber bitte nicht im Wasser liegen lassen.

Beim weißen Spargel den Spargelschäler dünn am Kopf ansetzen, oben dünn und nach unten dicker schälen. Holziges Ende abschneiden und den Spargel gebündelt ins kochende Wasser geben. Mit etwas Zitronensaft, je 1 Prise Salz und Zucker 12 bis 18 Minuten garen lassen. Darauf achten, dass er nicht zu weich wird.

Beim grünen Spargel reicht es, nur das untere Ende zu schälen, weil er zarter ist als der weiße. Seine Garzeit beträgt 8 bis 10 Minuten.

Wenn Spargel, dann frisch und aus der Region – wie hier z. B. vom Spargelhof Schneider gleich um die Ecke

Frank Buchholz: Mein Profi-Tipp

Ideal zum Spargelkochen ist ein Spargeltopf. Er ist sehr hoch und enthält eine Art Sieb, in dem die Stangen mit den Köpfen nach oben aufrecht stehen können.

Spargel

Pfifferlingtatar mit Artischocken und Spargel

für 4 Personen

Zubereitungszeit: ca. 1 Stunde
Garzeit: ca. 1/2 Stunde

ZUTATEN:
50 ml Gemüsebrühe (Fertigprodukt oder Rezept S. 11)
3 EL Olivenöl
1 TL Estragonessig
3 EL Zitronensaft
Salz, weißer Pfeffer
2 Artischocken
6 Stangen weißer Spargel
1 Prise Zucker
1 Scheibe Toastbrot
450 g Pfifferlinge
1 TL Himbeeressig
50 g Rucola
1 EL Rotweinessig
1 EL Aceto balsamico

MENÜVORSCHLAG
Toskanische Focaccia mit Mozzarella (S. 20)
Pfifferlingtatar mit Artischocken und Spargel
Créme brûlée mit Apfelragout (S. 114)

GETRÄNKEEMPFEHLUNG
Dazu passt eine Muskateller-Spätlese, z.B. eine trockene 1997er Muskateller Spätlese vom Weingut Ökonomierat Rebholz aus Siebeldingen (Pfalz)

1. In einem Topf die Gemüsebrühe mit 1 Esslöffel Olivenöl, dem Estragonessig und 1 Esslöffel Zitronensaft zum Kochen bringen, mit Salz und Pfeffer würzen.

2. Artischockenböden vorbereiten (siehe unten). Die Böden sofort in die kochende Brühe geben, damit sie sich nicht verfärben, dann in 10 bis 15 Minuten bei starker Hitze garen. Aus der Brühe nehmen, abkühlen und in feine Scheiben schneiden.

3. Den Spargel so sorgfältig schälen, dass keine Fäden daran bleiben. Die Enden abschneiden. Etwa 1/2 l Wasser mit den 2 Esslöffeln Zitronensaft, Salz, dem Zucker sowie dem Weißbrot zum Kochen bringen. Den Spargel in das kochende Wasser geben und je nach Stärke der Stangen in 12 bis 15 Minuten bissfest kochen. Den Spargel mit einem Schaumlöffel herausheben, auf ein Tuch legen und gut abtropfen lassen. Die Stangen dann in etwa 6 cm lange Stücke schneiden.

4. Die Pfifferlinge mit einem trockenen Tuch abreiben, bis sie sauber sind. Die Pilze dann in kleine Würfel schneiden. Eine schwere Pfanne erhitzen. Die Pfifferlinge mit Salz, Pfeffer und dem Himbeeressig hineingeben und bei starker Hitze etwa 2 Minuten garen. Die starke Hitze bewirkt, dass die Pilze keinen Saft ziehen. Die Pfifferlinge von der Kochstelle nehmen und abkühlen lassen.

5. Rucola putzen, waschen und trockenschleudern. Rotweinessig und Aceto balsamico mit Salz und Pfeffer verrühren. Das restliche Olivenöl unterschlagen.

6. Das Pfifferlingtatar in die Mitte der Teller setzen. Den Salat mit der Marinade mischen und rund um das Tatar anordnen. Die Spargelstücke und die Artischockenscheiben auf den Salat legen.

Artischockenböden vorbereiten: Den Stiel der Artischocke entfernen und die Blätter abschneiden. Mit einem Löffel das Heu aus dem Artischockenboden ausstechen.

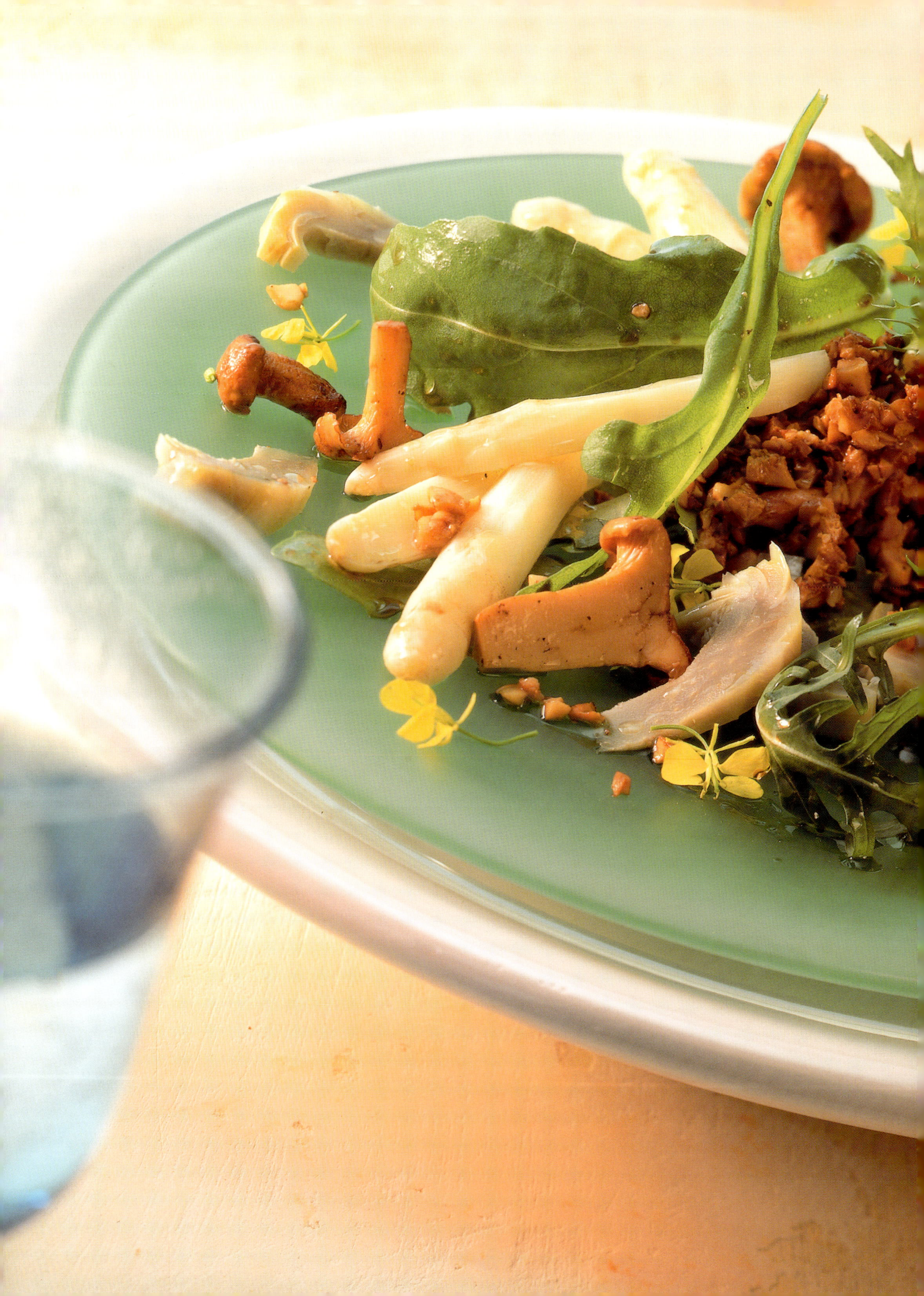

Spargel

Spargel-Morchel-Ragout
für 4 Personen

Zubereitungszeit:
ca. ¼ Stunde
Garzeit: ca. 1½ Stunden

ZUTATEN:
24 gleich dicke Stangen weißer
Spargel von je etwa 50 g
Butter für die Form
Salz
1 kleine Prise Zucker
etwa 4 EL Butter
weißer Pfeffer aus der Mühle
20 Morcheln
1 Pck. Morchelsauce (Fertigprodukt)

MENÜVORSCHLAG
Thunfischcarpaccio mit Grilltomaten (S. 22)
Spargel-Morchel-Ragout
Scheiterhaufen (S. 116)

GETRÄNKEEMPFEHLUNG
Dazu passt ein leichter, aromatischer Weißburgunder, z.B: ein trockener 1998er Weißburgunder Qualitätswein vom Weingut Heinz Schmitt aus Leiwen (Mosel)

1. Den Spargel sorgfältig schälen, holzige Enden abschneiden. Die Stangen nebeneinander in eine oder zwei gebutterte ofenfeste Formen legen, mit Salz und wenig Zucker würzen. Die Butter schmelzen und darüber verteilen. Mit Pfeffer übermahlen.

2. Die Formen mit Frischhaltefolie sehr dicht verschließen und auf die mittlere Schiene des Backofens schieben. Den Spargel bei 80 °C etwa 90 Minuten unter der Folie garen.

3. Die Morcheln putzen und in Salzwasser blanchieren. Die Fertigsauce laut Packungsanweisung zubereiten.

4. Den Spargel mit den Morcheln auf vorgewärmten Tellern anrichten und mit der Sauce überziehen.

Frank Buchholz: Mein Profi-Tipp
Die Fertigsauce kann man zum Schluss mit etwas Butter und geschlagener Sahne verfeinern, dann schmeckt sie fast wie hausgemacht.

Morcheln müssen sehr gründlich und sorgfältig gewaschen werden, da sich in den Fältchen gern ein paar Sandkörner verstecken. Am besten anschließend in einer Salatschleuder trocknen.

Ganz persönlich
Natur zu Natur, habe ich mir während meiner Zeit im Münchener Restaurant „Tantris" gedacht, und habe die Morchelabschnitte einfach durchs Fenster in den Garten geworfen. Siehe da, im nächsten Jahr wuchsen dort tatsächlich Morcheln – und zwar welche von der ganz feinen Sorte, die wir in der Tantris-Küche gut gebrauchen konnten.

Variation
Hausgemachte Morchelsauce

für 4 Personen

1. Die Schalotten in Butter glasig braten, die Morcheln zufügen, mit Salz und Pfeffer würzen. Mit dem Sherry ablöschen, auf die Hälfte einkochen lassen, mit der Sahne aufgießen und alles 5 Minuten köcheln lassen. Die Morcheln herausheben.

2. Den Fond durchpassieren und aufkochen. Vom Herd nehmen und die Butter mit dem Mixstab darunter schlagen. Morcheln hineingeben und die Sahne unterheben.

Zubereitungszeit: ca. 1/2 Stunde

ZUTATEN:
2 EL fein gehackte Schalotten
Butter zum Anbraten
400 g Morcheln, geputzt (siehe Tipp S. 30)
Salz, Pfeffer
10 EL trockener Sherry (fino)
250 g Sahne
2 EL eiskalte Butter, in Stückchen geschnitten
4 EL geschlagene Sahne

Spargel

Spargelcremesuppe
für 4 Personen

Zubereitungszeit: ca. ½ Stunde

ZUTATEN:
8 Stangen weißer Spargel
(ca. 250 g)
Salz
2–4 kleine Frühlingszwiebeln
(nur das Weiße, ca. 30 g)
20 g Butter
1 EL Pfeilwurzelmehl
150 g Crème double
1 unbehandelte Orange
20 g eiskalte Butter
weißer Pfeffer aus der Mühle
1 EL geschlagene Sahne

MENÜVORSCHLAG
Spargelcremesuppe
Rosa gebratene Entenbrust mit
glasiertem Rosenkohl (S. 124)
Apfelschmarren mit frischen
Walnüssen (S. 112)

GETRÄNKEEMPFEHLUNG
Dazu passt eine vollmundige,
dichte Silvaner Spätlese aus
Franken, z.B: eine trockene
1998er Silvaner Spätlese
Rödelseer Schwanenleite vom
Weingut Johann Ruck aus
Iphofen (Franken)

1. Den Spargel schälen, die Spitzen 3 cm lang abschneiden und in ½ l sprudelnd kochendem Salzwasser blanchieren. In ein Sieb abgießen, die Garflüssigkeit dabei auffangen.

2. Die Spargelstangen grob hacken. Die Frühlingszwiebeln putzen, waschen und in Scheibchen schneiden.

3. Die Butter in einem Topf zerlassen, Frühlingszwiebeln und den gehackten Spargel darin anschwitzen. Mit der Garflüssigkeit von den Spargelspitzen ablöschen, alles weichkochen.

4. Die Spargelsuppe (ohne Spargelspitzen) im Mixer oder mit dem Mixstab pürieren und durchpassieren. Mit Pfeilwurzelmehl binden und die Crème double einrühren, nicht mehr kochen.

5. Von der Orange ein großzügiges Stück Schale dick abschneiden, mit kochendem Wasser überbrühen, kurz darin liegen lassen, herausnehmen, trockentupfen und 1 Messerspitze Schale abreiben.

6. Die eiskalte Butter in Stückchen in die Suppe einrühren, mit Salz, Pfeffer und der abgeriebenen Orangenschale abschmecken.

7. Zum Schluss die Spargelspitzen in die Suppe geben und darin erwärmen. Dann die geschlagene Sahne unterheben. Sofort servieren!

Frank Buchholz: Mein Profi-Tipp
Wem die Spargelcremesuppe zu bitter schmeckt, dem kann
ganz leicht geholfen werden: einfach ein bisschen
weißen Portwein einkochen und unter die Suppe rühren.

Ganz persönlich
Mein Verhältnis zu Spargel ist ein gespaltenes: Arbeits-
technisch gesehen zählt er nicht zu meinen Favoriten
unter dem Gemüse, denn beim Schälen brauche ich immer
Hilfe, weil ich auf rohen Spargel allergisch reagiere.
Mit dem Zubereiten allerdings klappt es gut.
Und spätestens beim Essen sind dann alle Allergien
vergessen, da zählt Spargel — besonders die Spitzen
davon — zu meinen Spitzenreitern.

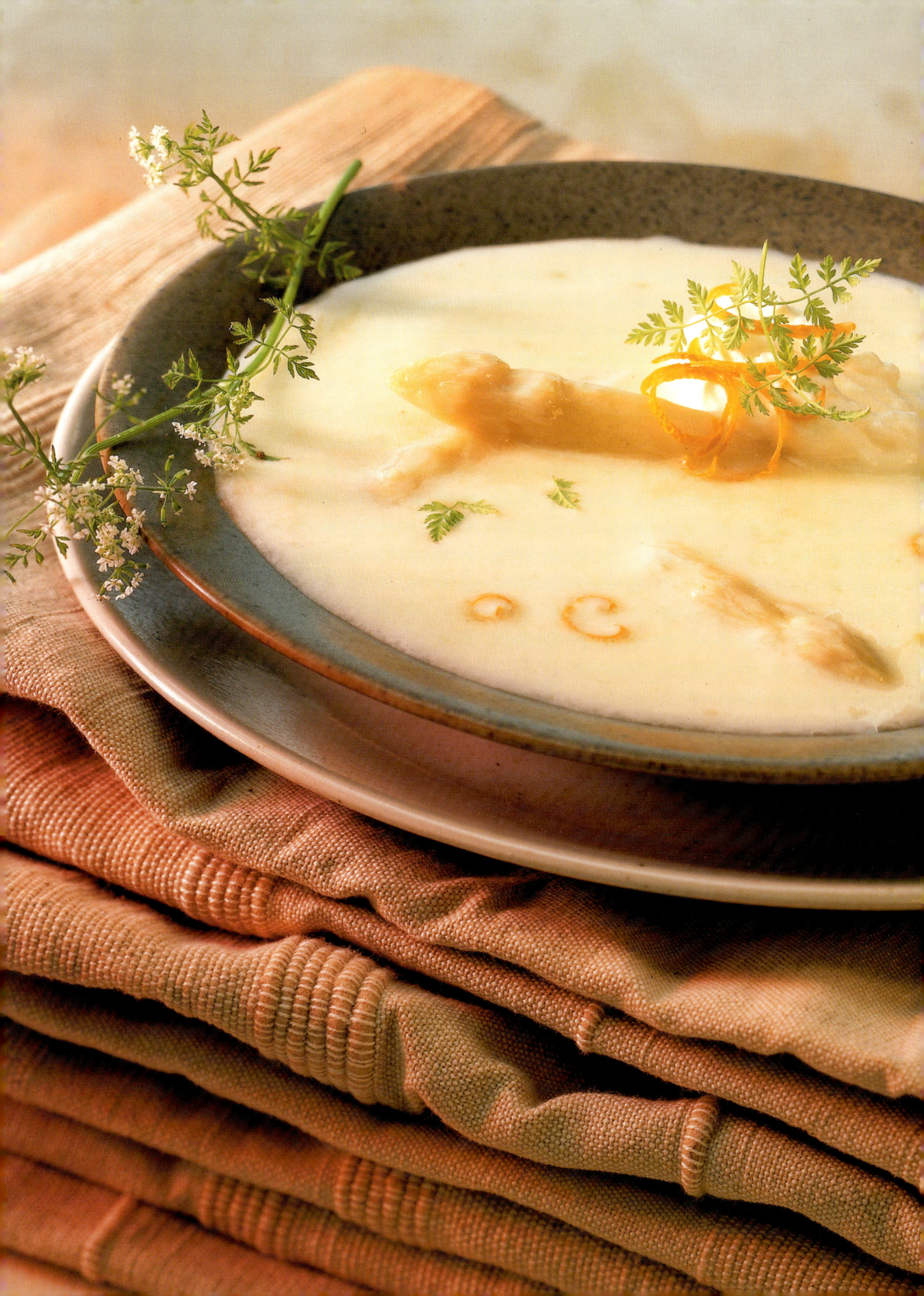

Spargel mit Beaujolaissauce
für 4 Personen

Zubereitungszeit: ca. ¾ Stunde
Garzeit: ca. ½ Stunde

FÜR DIE SAUCE:
4 Schalotten
2 EL roter Portwein
3 EL Beaujolais
150 ml trockener Rotwein
120 g eiskalte Butter
1 TL Salz
150 g Sahne

FÜR DEN SPARGEL:
600 g Spargel
1 TL Zitronensaft
Salz
1 Prise Zucker
1 Scheibe Toastbrot

MENÜVORSCHLAG
Spargel mit Beaujolaissauce
Hausgemachte Bandnudeln mit Roquefortsauce (S. 68)
Panna cotta mit Beerenragout (S. 80)

GETRÄNKEEMPFEHLUNG
Dazu passt ein Crus aus dem Beaujolais, z.B. ein 1996er Chenas „Vieille vignes" (Beaujolais)

1. Die Schalotten schälen und fein hacken. In einem kleinen Topf den Portwein und den Beaujolais zusammen mit den Schalotten etwa 10 Minuten bei mittlerer Hitze offen kochen, bis die Masse dicklich ist. Von der Kochstelle nehmen und etwas abkühlen lassen.

2. Nun das Ganze wieder auf die Kochstelle geben und langsam bei schwacher Hitze erwärmen. Den Rotwein mit einem Schneebesen einrühren. Dabei löst sich die dickliche Sauce leicht vom Topf.

3. Die Butter in kleine Stücke schneiden und mit einem Schneebesen unter die Sauce schlagen. Die Sauce salzen und zur Seite stellen.

4. Vom Spargel die unteren Enden abschneiden und die Stangen sorgfältig schälen. In einem großen Topf etwa 2 l Wasser mit dem Zitronensaft, etwas Salz, Zucker und dem Toastbrot (nimmt die Bitterstoffe aus dem Spargel auf) zum Kochen bringen.

5. Den Spargel in das Wasser geben und je nach Stärke der Stangen 12 bis 18 Minuten sprudelnd kochen lassen, bis er gar, aber noch bissfest ist.

6. Den Spargel mit einem Schaumlöffel aus dem Wasser heben, auf ein Tuch legen und gut abtropfen lassen. Dann in etwa 4 cm lange Stücke schneiden.

7. Die Sahne halb steif schlagen. Die Sauce noch einmal leicht erwärmen, dann auf vorgewärmte Teller verteilen. Mit der Sahne einen Kreis auf die Sauce gießen und mit einer Gabel ein Muster durchziehen. Den Spargel darauf anrichten.

Frank Buchholz: Mein Profi-Tipp

Vorsicht bei der Beaujolaissauce: Sie darf nicht zu heiß werden, da sonst die Butter gerinnt.

Ganz persönlich

Die Beaujolaissauce war einer meiner persönlichen Problemfälle. Manchmal wollte sie mir einfach nicht gelingen. Bis ich endlich kapiert hatte, dass ich sie nicht zu sehr erhitzen darf. Ein simpler, aber wirkungsvoller Trick.

Variation
Safransauce

für 4 Personen

Zubereitungszeit: ca. 1 Stunde
Garzeit: ca. ½ Stunde

ZUTATEN:
½ Fenchelknolle, in Scheiben geschnitten
½ Schalotte, klein geschnitten
30 g Butter
1 TL Pernod
½ l Weißwein
2 EL Noilly Prat
450 ml Gemüsebrühe (Fertigprodukt oder Rezept S. 11)
½ TL Safran
225 g Crème double
Salz
etwas Zitronensaft

1. Fenchel und Schalotte in der Butter anschwitzen. Pernod, Weißwein und Noilly Prat dazugeben und bei mittlerer Hitze einkochen lassen. Die Gemüsebrühe angießen, den Safran unterrühren.

2. Alles bei starker Hitze auf etwa ein Viertel einkochen lassen. Die Crème double dazugeben und noch einmal etwa 10 Minuten kochen lassen. Die Sauce durchpassieren, im Mixer oder mit dem Pürierstab aufschlagen, mit Salz und Zitronensaft abschmecken.

Kräuter

Sie sind die eigentlichen Stars in der Küche. Grüne Komparsen zwar, aber welche, die beim Geschmack letztlich die Hauptrolle spielen: Kräuter. Kräuter sind fast so alt wie die Kochkunst selbst. Schon im dritten Jahrtausend vor Christus verwendeten die Assyrer Kräuter, um ihre Speisen zu würzen und Arzneien und Kosmetika herzustellen. Magier und weise Frauen brauten Zaubertränke aus Kräutermischungen, Mönche und Apotheker wussten und wissen noch heute, ihre heilende Wirkung zu nutzen. Ihr volles Aroma entfalten Kräuter, wenn sie taufrisch geerntet werden. Was kein allzu großes Problem sein dürfte, denn selbst auf dem kleinsten Balkon findet sich ein Plätzchen, um die gängigsten Kräuter zu ziehen.

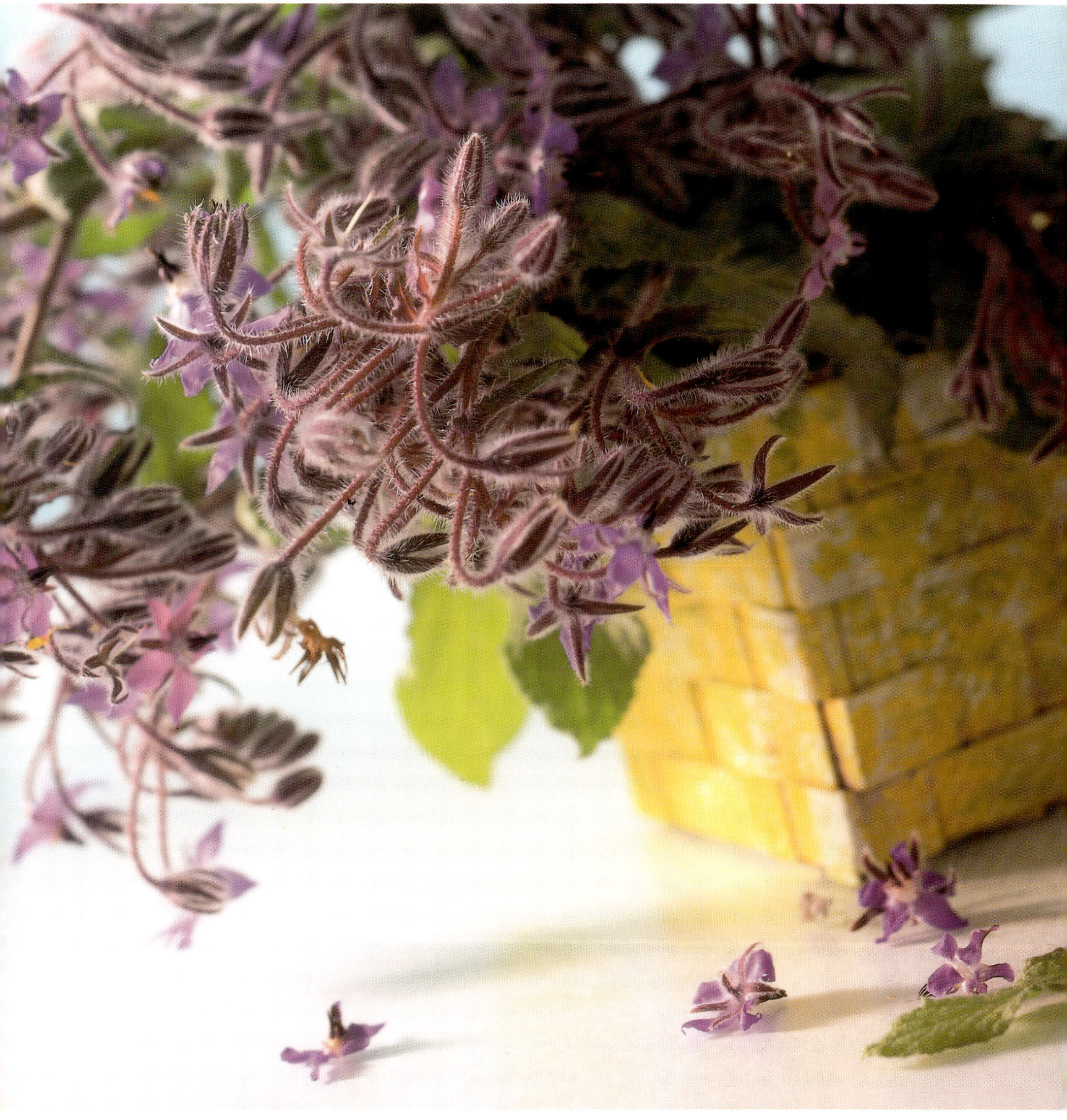

Warenkunde

Kräuter

Kräuter allgemein
Kräuter sind dankbare Geschöpfe, die pflegeleicht gedeihen. Die meisten lassen sich übers ganze Jahr aus Samen heranziehen. Pflanzen und Jungpflanzen sollten im Frühling nach den Eisheiligen oder im Herbst gesetzt werden. Große Ansprüche an den Boden stellen Kräuter nicht, er sollte ein bisschen durchlässig sein und mit Kompost oder einem guten Naturdünger angereichert werden.

Kräuterarten
Basilikum: Die herzförmigen Blätter haben einen kräftigen Geschmack, der keinen Konkurrenten neben sich duldet. Am besten solo verwenden als Gewürz, in Suppen, zum Dessert, als Dekoration.
Dill: Ganzjährig. Verwendet werden Spitzen, Triebe und Blüten. Getrocknete Dilldolden passen zu eingelegten Gurken, frischer Dill ideal in helle Saucen, frische Salate, zu Fisch und Krebsen.
Estragon: Sein würziger Geschmack entsteht durch ätherische Öle, Gerb- und Bitterstoffe. Von Frühjahr bis Herbst frisch erhältlich. Verwendet werden die kleinen Blätter. Eignet sich zum Würzen von Salaten, Saucen und Fischgerichten.
Kerbel: Im Öl konserviert entwickelt Kerbel sein Aroma besonders intensiv und eignet sich so gut zur Weiterverarbeitung in Salaten, Gemüse und Saucen.
Thymian: Der ideale Ersatz für Bohnenkraut. Der Geschmack der kleinen Blättchen ist leicht harzig. Je länger man Thymian mitkocht, umso stärker entfaltet sich sein Aroma. Frisch oder getrocknet veredelt er Tomaten- und Kartoffelgerichte, Hackfleisch und Suppen.
Oregano: Der wilde Bruder des Majorans schmeckt feinpfeffrig und etwas herber, beim Kochen intensiver. Darf auf keiner Pizza fehlen.
Rosmarin: Erntezeit ist von Frühjahr bis Herbst. Die Nadeln lassen sich gut trocknen, Rosmarin büßt dabei nichts von seinem Aroma ein.
Tipp: Streuen Sie Rosmarin beim Grillen auch auf die Glut. Das verleiht Fleisch und Fisch eine besondere Duftnote.
Salbei: Der würzig-herbe Geschmack der eiförmigen samtigen Blätter harmoniert gut mit Kalbfleisch und Wild und macht Aal bekömmlicher.

Basilikumblättchen lassen sich in einer Plastiktüte verpackt gut einfrieren und sind so ca. 6 Monate haltbar.
Die Rosmarinnadeln einfach mit den Fingern gegen den Strich vom Stiel abstreifen.

Einkaufstipps
Kräuter sollen frisch und intensiv riechen. Modriger Geruch ist ein Zeichen für überlagerte Ware. Die Stängel dürfen nicht verholzt sein. Kräutersträußchen dürfen keine gelben oder trockenen Blätter haben, und bei einer Schüttelprobe dürfen keine Blätter abfallen. Auf dem Markt keine fertigen Sträußchen kaufen, sondern sie aus den angebotenen Kräutern selbst zusammenstellen.

Aufbewahrung

Petersilie, Kerbel, Rucola: ein bis zwei Stunden in lauwarmes, gezuckertes Wasser legen. Wasser abschütten, in eine verschließbare Plastikbox betten und mit einem feuchten Tuch bedecken. Verschließen. Gekühlt tagelang haltbar.
Schnittkräuter: Da gibt es mehrere Möglichkeiten.
- Stielenden abschneiden, Kräuter in Alufolie wickeln. Gekühlt tagelang haltbar.
- Ganz frisch geschnittene Kräuter vollständig in eine Schüssel mit Wasser legen und mit einem Teller unter die Wasseroberfläche drücken. Im Kühlschrank nicht länger als 48 Stunden lagern. Das Wasser nach zwölf Stunden wechseln.
- Kräuter in feuchtes Küchenkrepp wickeln und 24 Stunden kühl lagern.

Getrocknete Kräuter: Innerhalb eines Jahres verbrauchen.
Tiefgefrorene Kräuter: Bis sechs Monate haltbar.
Kräutersträußchen: Wie Schnittblumen in ein hohes, zu zwei Drittel mit kaltem Wasser gefülltes Glas stellen, Gefrierbeutel überstülpen. Gekühlt bis zu drei Tage haltbar.
Kräuter-Topfpflanzen: Innerhalb von drei Tagen verbrauchen. Sind empfindlich gegen Temperaturschwankungen und Zugluft. Auspflanzen im Garten gelingt selten.
Tipp: Kräuter niemals bei Raumtemperatur lagern, durch die Wärme welken sie schnell und verlieren ihr Aroma. Kräuter riechen muffig, wenn sie zu lange im Wasser aufbewahrt wurden.

Burghart Koch – mein Kräuterspezi und ein wandelndes Lexikon. Bei ihm in seiner Kräutergärtnerei finde ich alles, was ich brauche. Und davon oft sogar viele verschiedene Sorten

Kräuter

Zitronenstrauchauflauf mit Ananassalbei-Krapfen

für 4 Personen

Zubereitungszeit: ca. ¾ Stunde

FÜR DIE SAUCEN:
2 Baby-Ananas
evtl. etwas Kirschsauce

FÜR DIE ANANASSALBEI-KRAPFEN:
100 g Mehl, 1 TL Salz
1 Ei, 175 ml Bier
3 EL Öl, 2 Eiweiß
4 Zweige mit 3–4 Ananassalbeiblättchen
Pflanzenfett zum Frittieren
etwas Zucker

FÜR DEN AUFLAUF:
200 g Frischkäse
6 EL Akazienhonig, 4 Eigelb
3 EL fein gehackte Zitronenstrauchblätter
4 Eiweiß, 90 g Zucker
Fett und Zucker für die Formen

MENÜVORSCHLAG
Junger Ziegenkäse in Zucchinistreifen mit Vinaigrette (S. 54)
Gebratene Geflügelleber mit Balsamicokirschen (S. 134)
Zitronenstrauchauflauf mit Ananassalbei-Krapfen

GETRÄNKEEMPFEHLUNG
Dazu passt ein Chardonnay aus der neuen Welt mit exotischen Fruchtaromen und Barriqueausbau, z.B. ein 1998er Chardonnay Glen Carlou aus Paarl (Südafrika)

Ananas schälen: Den Stielansatz und die Blattkrone abschneiden. Ananas vierteln und die Schale abschneiden. Den harten Strunk im Innenteil entfernen.

1. Die Baby-Ananas schälen (siehe unten) und das Fruchtfleisch würfeln. Die Hälfte davon 10 Minuten in 375 ml Wasser kochen. Das Obst mit dem Wasser pürieren und passieren. Im Kühlschrank vollständig durchkühlen lassen.

2. Zwischenzeitlich für die Ananassalbei-Krapfen das Mehl, Salz, Ei, Bier und Öl mischen, bis ein glatter Teig ohne Klümpchen entstanden ist. Das Eiweiß zu steifem Schnee schlagen und unter den Teig mischen.

3. Die Salbeizweige waschen und trockentupfen. Das Pflanzenfett in der Fritteuse erhitzen. Einige Blättchen Ananassalbei in den Teig tauchen und in dem Öl goldbraun frittieren. Auf Küchenkrepp entfetten und mit Zucker bestreuen.

4. Für den Zitronenstrauchauflauf den Backofen auf 200 °C vorheizen. Unter den Frischkäse Honig, Eigelbe und die Zitronenstrauchblätter mischen. Das Eiweiß steif schlagen; erst am Schluss den Zucker hinzufügen, unter die Frischkäsemasse rühren.

5. Anschließend 4 Auflaufformen (Ø 10 cm) einfetten und mit Zucker ausstreuen. Die Masse in den Formen im Wasserbad im Backofen in ca. 17 Minuten steif werden lassen.

6. Auf die Teller jeweils einen Spiegel Ananassauce gießen, evtl. Kirschsauce dazugeben und darauf die Krapfen und die zurückgelegten Ananaswürfel legen. Zum Schluss die Mini-Aufläufe aus dem Ofen holen und auf die Teller stürzen. Sofort servieren.

Frank Buchholz: Mein Profi-Tipp

Mit den Zitronenstrauchblättern ganz zart und vorsichtig umgehen, denn sie zerfallen sehr leicht oder zerbrechen in kleine Stücke.

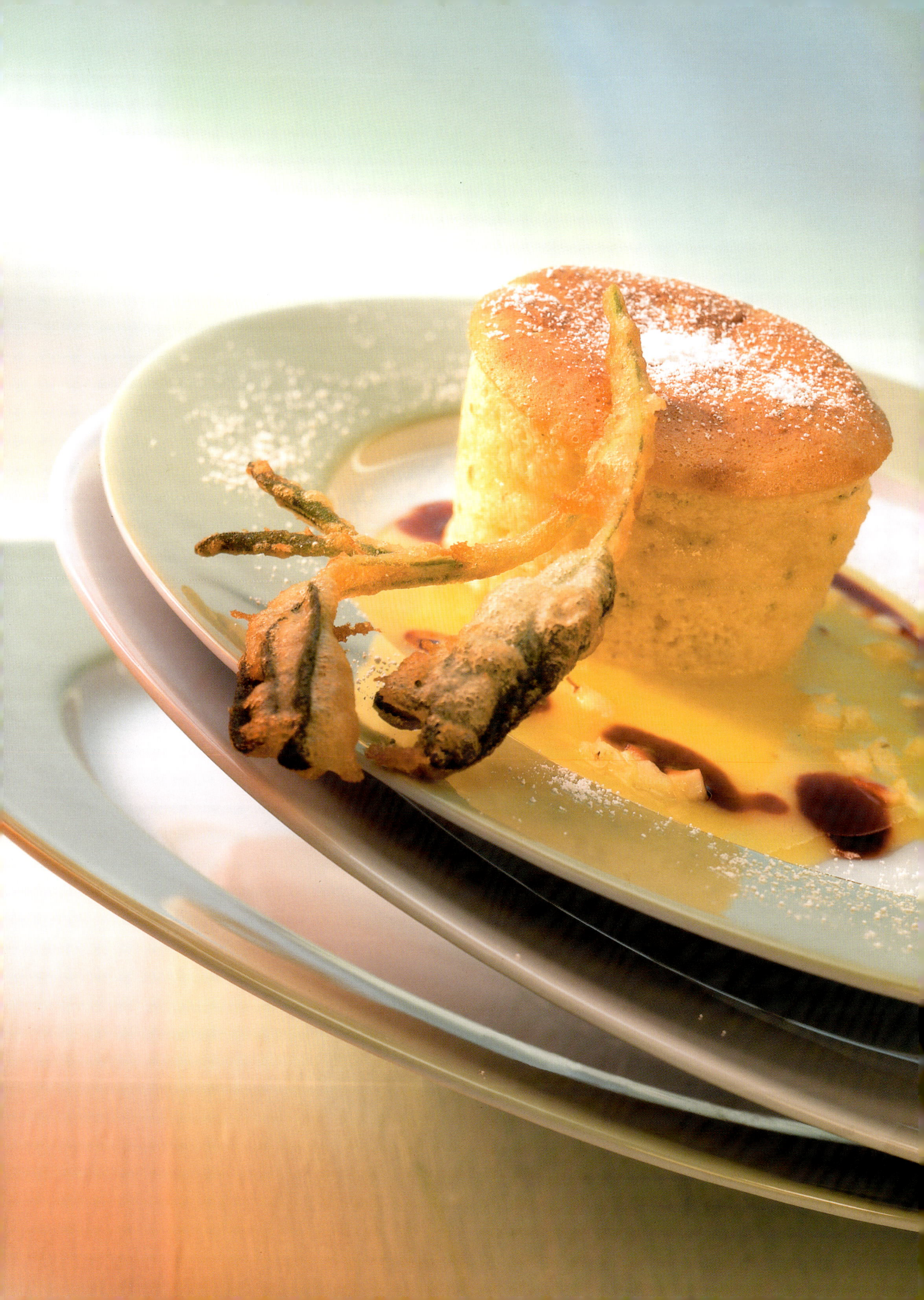

Kräuter

Lammrücken mit Oliven-Kräuter-Kruste
für 4 Personen

Zubereitungszeit: ca. 1 Stunde

FÜR DIE OLIVEN-KRÄUTER-KRUSTE:
50 g schwarze Oliven
50 g grüne Oliven
2 Zweige Petersilie
1 Zweig Rosmarin
5 Zweige Thymian
10 Scheiben Weißbrot
1/2 TL weiche Butter
1 TL Senf
1 EL reduzierter Madeira
(2 EL Ausgangsmenge)
Salz, Pfeffer

FÜR DEN LAMMRÜCKEN:
1 Knoblauchzehe
2 kg Lammkarree mit Knochen
(oder 1 pariertes Rückenfilet
von ca. 450 g)
Salz
weißer Pfeffer aus der Mühle
1 EL Olivenöl
1 Butterflocke
etwas scharfer Senf

MENÜVORSCHLAG
Gebackene Zucchiniblüte (S. 56)
Lammrücken mit Oliven-Kräuter-Kruste
Millefeuille von Buttermilchmousse mit Kirschen (S. 136)

GETRÄNKEEMPFEHLUNG
Dazu passt ein kräftiger, samtiger Rotwein, z.B. ein 1997er Costers del Gravet aus Tarragona (Spanien)

1. Die Oliven entsteinen und im Mixer zerkleinern. Thymian, Rosmarin und Petersilie waschen und trockentupfen. 1 Zweig Thymian für das Lamm beiseite legen, von den restlichen Kräutern die Blättchen abzupfen und klein hacken.

2. Das Weißbrot sehr klein schneiden. Oliven, Kräuter, Butter und Senf in eine Schüssel geben und durchkneten. Dann das Weißbrot dazugeben und die Mischung mit dem Madeira, Salz, Pfeffer abschmecken.

3. Für das Lamm den Backofen auf 200 °C vorheizen. Die Knoblauchzehe schälen und halbieren. Das Lamm gut salzen und pfeffern und in einer Pfanne im heißen Olivenöl zusammen mit Knoblauch und dem zurückgelegten Thymian gut anbraten. 1 Butterflocke dazugeben und nochmals durchschwenken.

4. Jetzt das Lamm herausnehmen, auf einem Gitter ruhen lassen, mit weißem Pfeffer würzen und mit etwas Senf bestreichen.

5. Die Mischung für die Kruste auf das Fleisch streichen und das Lamm im Backofen auf dem Gitter bei 200 °C in 6 bis 8 Minuten fertig garen.

6. Je nach gewünschtem Gargrad aus dem Ofen nehmen, den Backofen auf Grillstufe einstellen. Das Fleisch 2 bis 3 Minuten ruhen lassen, anschließend nochmals kurz unter dem Backofengrill gratinieren.

7. Zum Servieren das Lammfleisch in Scheiben schneiden und evtl. mit der Lammsauce (Rezept siehe rechts) servieren.

Frank Buchholz: Mein Profi-Tipp
Ich empfehle deutsches Deichlamm.

Ganz persönlich:
Rohes Fleisch, habe ich immer geglaubt, schmeckt nach wenig. Irrtum: Das Fleisch der Deichlämmer hat einen aparten Salzgeschmack — durch ihre Nahrung. Der Wind am Meer salzt sozusagen ihr Futter, das Gras, das auf den Deichen wächst.

Variation
Lammsauce

1. Den Backofen auf 220 °C vorheizen. Lammknochen in 80 g Butter im Ofen anrösten, Gemüse putzen, waschen, schälen und grob schneiden. Mit den Knochen mitrösten.

2. Das Fett abschöpfen, Tomatenmark dazugeben, 5 Minuten mitrösten. Mit der Hälfte Weißwein, der Hälfte Madeira und 700 ml Kalbsfond auffüllen. 2 bis 3 Stunden köcheln lassen und passieren.

3. Kräuterblättchen klein schneiden. Den Rest Weißwein und Madeira mit den Kräutern und Knoblauch einkochen lassen, mit der Lammsauce auffüllen und aufkochen. Mit Speisestärke binden, passieren und 20 g kalte Butter einmixen. Salzen und pfeffern.

Zubereitungszeit:
ca. 4 $^{1}/_{2}$ Stunden

ZUTATEN:
1 kg Lammknochen
100 g Butter
1 Zwiebel
1 Karotte
1 Stange Staudensellerie
1 TL Tomatenmark
300 ml Weißwein
150 ml Madeira
700 ml reduzierter Kalbsfond
(Rezept S. 11, Ausgangsmenge 2 l)
1 Bund Basilikum
10 Zweige Thymian
3–5 Knoblauchzehen
etwas Speisestärke
Salz, Pfeffer

Kräuter

Kalbsbries mit Gemüse und karamellisierter Löwenzahnwurzel

für 4 Personen

Zubereitungszeit: ca. 1 Stunde
Ruhezeit: ca. 1 Stunde

ZUTATEN:
600 g Kalbsbries
Salz
Pfeffer aus der Mühle
9 kleine Rosmarinzweige
150 g gesalzene Butter
16 EL Olivenöl
Mehl zum Wenden
20 ml leichter Geflügelfond
(Fertigprodukt oder Rezept S. 10)
1 TL Aceto balsamico
4 Blätter roter und weißer Mangold
1/4 l Gemüsebrühe (Fertigprodukt oder Rezept S. 11)
4 kleine grüne Tomaten
1 Fenchelknolle, geviertelt
250 g Gänsefett
1 Knoblauchzehe, geschält
2 Lorbeerblätter
1 Löwenzahnwurzel
75 g Zucker
160 g kleine Pfifferlinge

MENÜVORSCHLAG
Cassoulet von Pilzen (S. 92)
Kalbsbries mit Gemüse und karamellisierter Löwenzahnwurzel
Scheiterhaufen (S. 116)

GETRÄNKEEMPFEHLUNG
Dazu passt ein Weißer Burgunder aus der Südpfalz, z.B. ein trockener 1998er Weißer Burgunder Auslese vom Weingut Wehrheim aus Birkweiler (Pfalz)

1. Das Kalbsbries 1 Stunde in kaltem Wasser einweichen, anschließend 1 Minute in kochendes Wasser tauchen, abkühlen lassen. Häute und Blutgefäße entfernen und das Bries in dünne Scheiben schneiden. Mit Küchenpapier abtrocknen und leicht gegeneinander drücken, damit die Scheiben etwas dünner werden. Mit Salz und Pfeffer würzen und 1 Zweig Rosmarin in das Bries stecken.

2. Nun 60 g Butter und 5 Esslöffel Olivenöl in einer Bratpfanne bräunen. Das Kalbsbries in Mehl wenden und danach im heißen Fett von beiden Seiten braun braten. Regelmäßig mit dem austretenden Bratensaft begießen. Wenn das Fleisch knusprig ist, aus der Pfanne nehmen. Das Bratfett abgießen und den Geflügelfond in die Pfanne geben. Zu einer leicht gebundenen Sauce einkochen. Durchsieben und Essig hinzufügen.

3. Mangold waschen und in 1 cm breite Streifen schneiden. In 40 g Butter und 4 Esslöffeln Olivenöl kurz dünsten. Mit Pfeffer und Salz abschmecken. Mit der Gemüsebrühe übergießen und auf kleiner Flamme bissfest garen. Das Gemüse herausheben, die Brühe einkochen und mit der Briessauce vermischen.

4. Die Tomaten waschen, vom Stielansatz befreien und in kleine Stücke schneiden. Den Fenchel im sehr heißen Gänsefett 15 Minuten braten, dann die grünen Tomaten mit Knoblauch, Lorbeerblättern und restlichen Rosmarinzweigen hinzufügen. Nach weiteren 5 Minuten herausnehmen und auf Küchenpapier entfetten; leicht salzen.

5. Die Löwenzahnwurzel grob reiben und mit 5 Esslöffeln Olivenöl und 20 g Butter auf starker Flamme 1 Minute rösten; Zucker hinzufügen und alles karamellisieren lassen. Pfifferlinge sorgfältig putzen und auf starker Flamme in 30 g Butter und dem restlichen Olivenöl braten. Mit Pfeffer und Salz abschmecken.

6. Kalbsbries auf die Teller verteilen und mit Mangold, Pfifferlingen und grünen Tomaten garnieren. Die karamellisierte Löwenzahnwurzel dazugeben.

Frank Buchholz: Mein Profi-Tipp

Kalbsbries muss sehr lange wässern, damit es gründlich von Schmutzpartikeln und Blut gesäubert wird. Dann erst hat es beim Braten statt einer rötlichen eine schöne weiße Farbe und sieht appetitlicher aus.

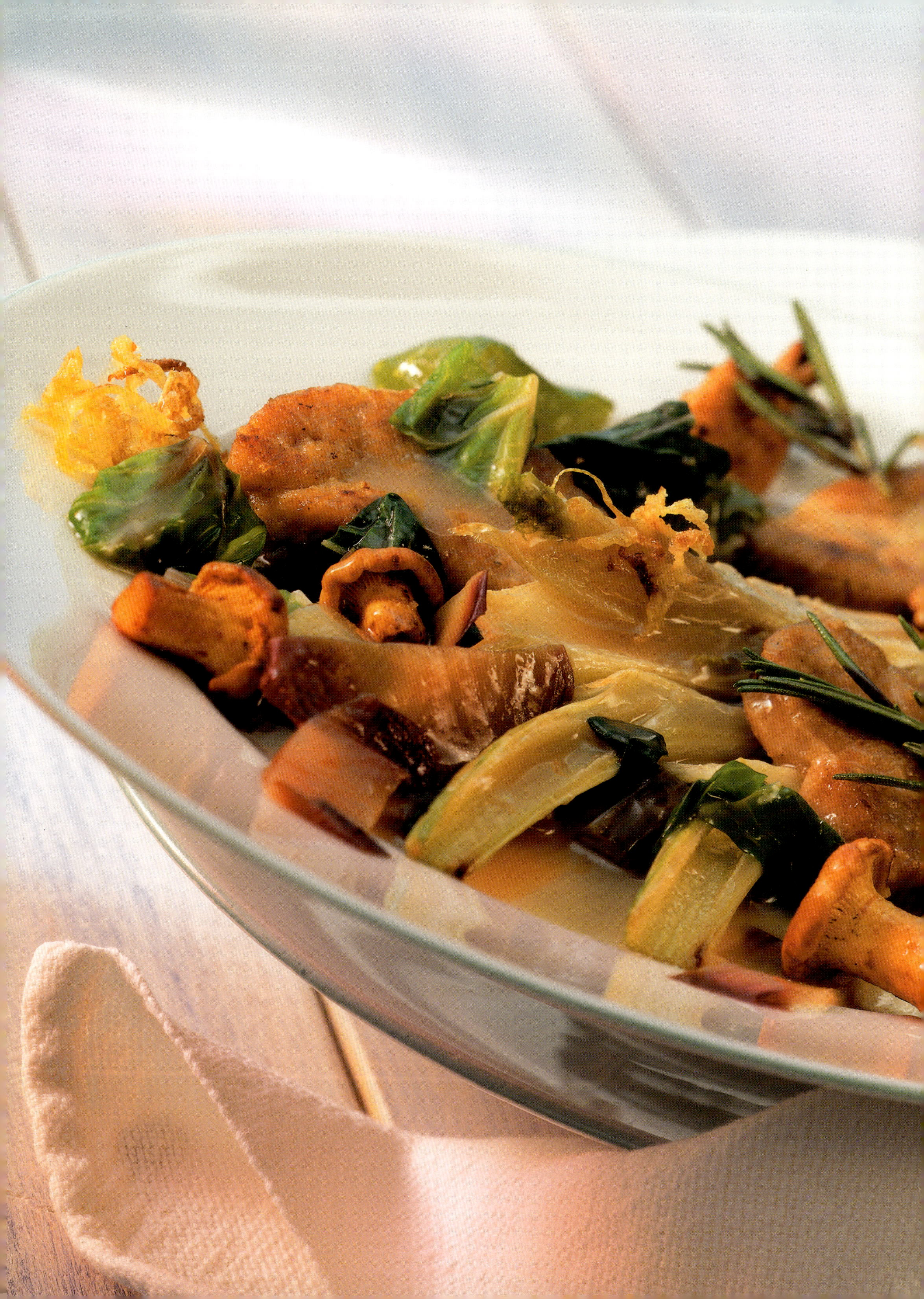

Kräuter

Petersiliencremesuppe
für 4 Personen

Zubereitungszeit: ca. 1/2 Stunde

ZUTATEN:
10 Bund Petersilie (ca. 100 g)
Salz
1 Schalotte
1 EL Olivenöl
150 ml Weißwein
1/2 l Geflügelfond (Fertigprodukt oder Rezept S. 10)
250 g Sahne
100 g Butter
Pfeffer aus der Mühle
geriebene Muskatnuss
etwas halb geschlagene Sahne

MENÜVORSCHLAG
Petersiliencremesuppe
Fasanenbrust im Spitzkohlmantel (S. 128)
Junger Ziegenkäse in Zucchinistreifen mit Vinaigrette (S. 54)

GETRÄNKEEMPFEHLUNG
Dazu passt ein saftiger, feiner Grauburgunder, z.B. ein trockener 1998er Grauburgunder Kabinett vom Weingut Michel aus Achkarren (Baden)

1. In einem Topf Salzwasser zum Kochen bringen. Die Petersilie waschen und darin kurz aufkochen lassen und anschließend aus dem Wasser nehmen und einem Küchentuch abtropfen lassen.

2. Die Schalotte schälen, in grobe Stücke schneiden und im Olivenöl anschwitzen. Die Petersilie hinzugeben.

3. Mit Weißwein ablöschen und das Ganze mit Geflügelfond auffüllen. Die Sahne dazugeben und alles etwa 3 Minuten kochen lassen.

4. Die Suppe im Mixer oder mit dem Pürierstab fein pürieren, anschließend alles nochmals durch ein feines Sieb streichen.

5. Die Suppe mit Salz, Pfeffer und Muskatnuss abschmecken. Zum Schluss mit der halb geschlagenen Sahne garnieren.

Frank Buchholz: Mein Profi-Tipp
Ich ziehe Blattpetersilie der krausen Variante vor, weil sie ein stärkeres Aroma hat.

Ganz persönlich
An frisch geschnittene Kräuter reicht geschmacklich einfach kein Ersatz heran. Deshalb muss ich in meinem Beruf manchmal auch so richtig ackern: In jedem Restaurant oder Ort, wo es mich für längere Zeit hinverschlagen hat, habe ich mir zuallererst einen eigenen Kräutergarten angelegt.

Variation
Kräutercremesuppe
für 4 Personen

1. Die gewaschenen Kräuter klein hacken. Die Schalotten im Öl anschwitzen, die Kräuter dazugeben.

2. Mit dem Weißwein ablöschen und mit Geflügelfond auffüllen. Die Sahne dazugeben und alles etwa 3 Minuten kochen lassen.

3. Die Suppe fein pürieren und mit Salz, Pfeffer und Muskatnuss abschmecken.

Zubereitungszeit:
ca. 1/2 Stunde

ZUTATEN:
1 Bund Petersilie
1 Bund Kerbel
1 Bund Schnittlauch
1 Bund Sauerampfer
20 g Schalotten, grob gehackt
1 EL Olivenöl
10 EL Weißwein
1/2 l Geflügelfond (Fertigprodukt oder Rezept S. 10)
250 g Sahne
100 g Butter
Salz, Pfeffer
geriebene Muskatnuss

Zucchini

Die Zucchini ist ein kleiner Kürbis, der sich, so hat es den Anschein, ein bisschen schamhaft als Gurke tarnt. Dabei hat der kleine Tausendsassa die Camouflage gar nicht nötig. Denn Zucchini gehören wegen ihrer Vielseitigkeit und ihrer einfachen Handhabung schon lange zu den Favoriten in jeder Küche. Einst als Gastgemüse aus West-Indien und Mexiko eingewandert, fühlt sich der Minikürbis auch hierzulande im Freilandanbau wohl. Die Frucht wächst an einer nicht kriechenden, kurzstämmigen Pflanze. Es gibt sie inzwischen nicht mehr nur dunkelgrün, sondern auch hübsch grünweiß gestreift oder gefleckt.

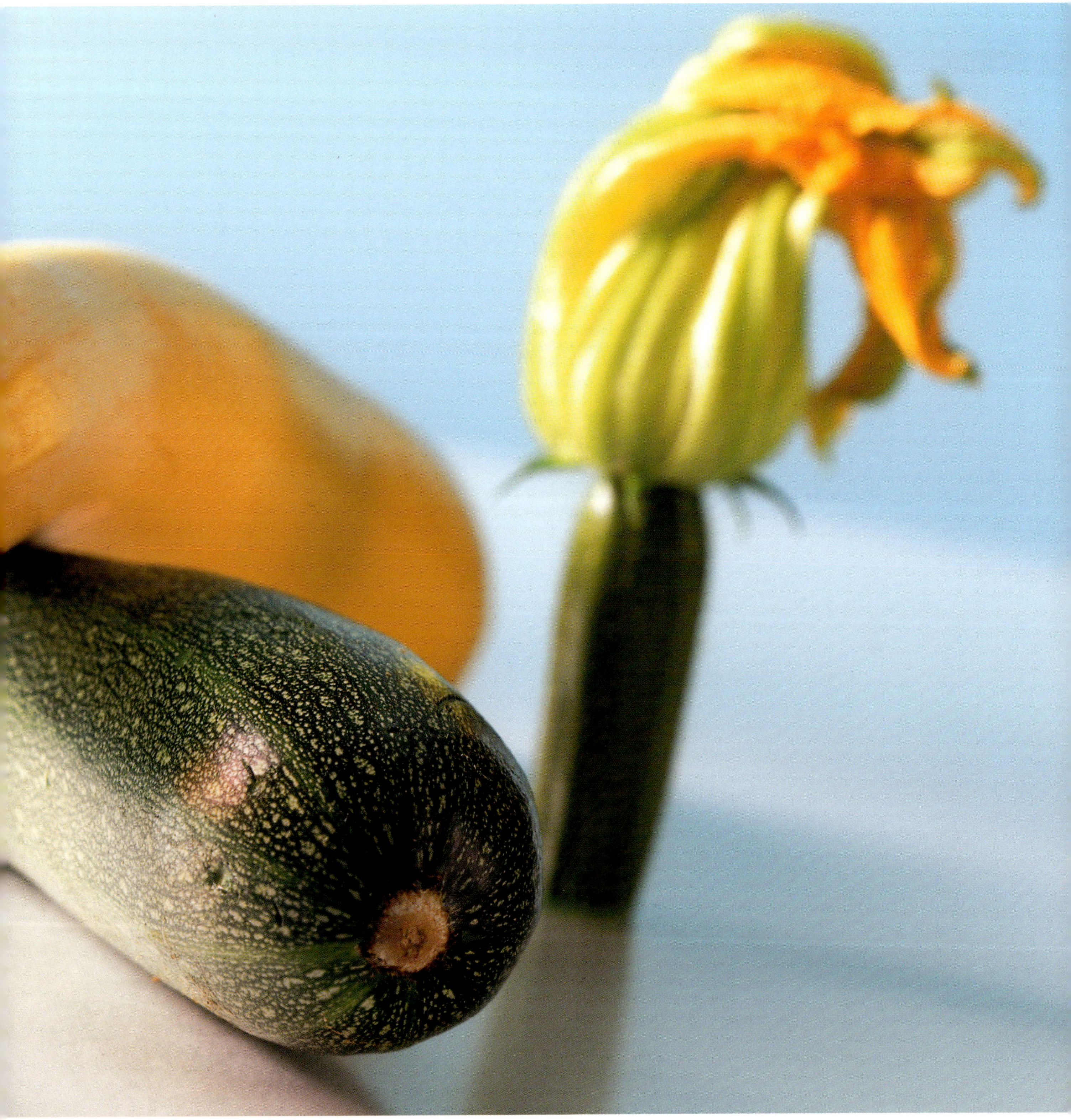

Warenkunde

Zucchini

Zucchinisorten

Es gibt unterschiedliche Sorten, die an der Farbe auszumachen sind: grüne, weiße, cremefarbene und gelbe. Geschmacklich gleichen sich die verschiedenen Zucchini, so entscheidet die Optik meist die Wahl.

Geschmack

Roh schmecken Zucchini leicht nussig und sehr mild. Sie ähneln auch geschmacklich ein wenig der Gurke, sind aber nicht so saftig und auch fester im Biss.

Zucchini sind ein kalorienarmes Gemüse: 100 g enthalten nur 19 Kalorien. Zudem sind sie reich an Mineralstoffen, vor allem an Kalium, Magnesium und Eisen. Sie enthalten Vitamin B1, Folsäure und Vitamin C.

Verwendung

Die Zucchini ist ein Hansdampf auf allen Tellern. Sie kann aufgetischt werden
- als Beilage, in Scheiben oder Stifte geschnitten und einfach gedünstet, mit viel gehackter Petersilie oder mit Auberginen und Tomaten als Ratatouille,
- als Zutat für einen Gemüseeintopf,
- als Suppe, püriert und mit Sahne verfeinert,
- als Chutney, süßsauer gewürzt,
- als Salat, roh in feine Streifen oder dünne Scheiben geschnitten und in einer würzigen Marinade eingelegt (z. B. Obstessig, Öl, Sojasauce, Pfeffer),
- als Hauptgericht mit Gemüse- oder Fleischfarce gefüllt, mit Käse bestreut und geschmort oder überbacken.

Passende Gewürze und Kräuter: Basilikum, Liebstöckel, Thymian und Knoblauch.

Tipp: Nicht nur der Minikürbis ist essbar, eine besondere Delikatesse sind seine Blüten. Die schönen gelben Zucchiniblüten schmecken zart süßlich und können frittiert oder gefüllt werden. Leider sind sie bei uns nicht einfach aufzutreiben.

Zum Füllen der Zucchini werden die Früchte ausgehöhlt. Dazu die Zucchini der Länge nach halbieren, das Fruchtfleisch mit einem Messer einritzen und es anschließend mit einem Löffel ausschaben.

Einkaufstipps

Zucchini gibt es ganze Jahr über. Sie werden vor allem aus Frankreich und Italien importiert. Bei heimischen Erzeugern haben sie von Juli bis Oktober im Freiland Hochsaison.

Die Reife einer Zucchini erkennt man an der fleckenfreien, glänzenden und festen Schale, die zumeist dunkelgrün ist. Wenn die Schale weiße Sprenkel aufweist, dann ist das ein Zeichen dafür, dass die Zucchini im Freiland gewachsen ist. Gleichmäßig tiefgrüne Zucchini stammen aus dem Gewächshaus und sind nicht ganz so aromatisch.

Es kommt aber auch auf die Größe an. In der Regel gilt: Je kleiner, desto zarter. Zucchini sollten etwa 15–20 cm lang und zwischen 125 und 250 g wiegen.

Aufbewahrung
Im Gemüsefach des Kühlschranks halten sich Zucchini bis zu einer Woche. Sie sollten nicht zusammen mit Obst gelagert werden, denn reifes Obst strömt Äthylen aus, das die Zucchinis schneller verderben lässt.

Haltbarmachung
Ganze Früchte eignen sich nicht fürs Tiefkühlfach, püriert jedoch kann man sie bedenkenlos einfrieren.

Ganz persönlich
Zucchini helfen gegen Zahnschmerzen — zumindest bei mir. Auf dem Weg zum Zahnarzt traf ich einen Hobbygärtner, der auf der Ladefläche seines Wagens eine gigantische Zucchini transportierte. Gut einen Meter war sie lang. Da konnte ich nicht nur stumm staunen, diese Größe musste ich mit dem Gärtner ausdiskutieren. Und über dem ganzen „Zucchini-Tratsch" habe ich doch tatsächlich meine Zahnschmerzen vergessen — und natürlich auch den Zahnarzttermin verpasst.

Zucchini

Gefüllte Zucchini
für 4 Personen

Zubereitungszeit: ca. ¾ Stunde

ZUTATEN:
4 kleine Zucchini (ca. 400 g)
80 g Champignons
80 g Lauch
80 g Knollensellerie
100 g Karotten
20 g Butter
120 g gekochter Schinken
1 TL Salz
Pfeffer aus der Mühle
2 EL gehackte Petersilie
2 EL Olivenöl

MENÜVORSCHLAG
Gefüllte Zucchini
Hausgemachte Bandnudeln in Roquefortsauce (S. 68)
Kirschtartes (S. 138)

GETRÄNKEEMPFEHLUNG
Dazu passt ein Sauvignon blanc, z.B. ein trockener 1998er Sauvignon blanc Qualitätswein vom Weingut Weik aus Mußbach (Pfalz)

1. Die Zucchini waschen, der Länge nach halbieren und die Kerne mit einem kleinen Löffel herausschaben.

2. Champignons, Lauch, Sellerie und Karotten putzen und/oder waschen, sehr fein würfeln und in der Butter andünsten.

3. Den Schinken würfeln, zum Gemüse geben und mitschwitzen. Den Backofen auf 180 °C vorheizen.

4. Das Gemüse salzen, etwas pfeffern und bei schwacher Hitze weiterdünsten, bis es knapp gar ist (immer wieder testen).

5. Die Petersilie untermischen und diese Gemüsefüllung in die Zucchinihälften füllen.

6. Eine ofenfeste Form mit etwas von dem Olivenöl ausstreichen, die Zucchini hineinsetzen und mit dem restlichen Öl beträufeln. Die Zucchini im heißen Ofen etwa 10 Minuten backen.

Frank Buchholz: Mein Profi-Tipp
Für dieses Gericht sollte man am besten frühreife und kleine Zucchini verwenden, denn deren Fruchtfleisch ist fester.

Persönliche Story
Hübsch, habe ich mir gedacht, als ich zum ersten Mal eine Zucchiniblüte gesehen habe. Wie die sich wohl im Strauß machen würden? Und wollte zuerst gar nicht glauben, dass die dralle Blüte als pure Zierde viel zu schade ist. Die Wahrheit blühte mir dann aber schon beim ersten Biss: Sie schmeckte herrlich intensiv.

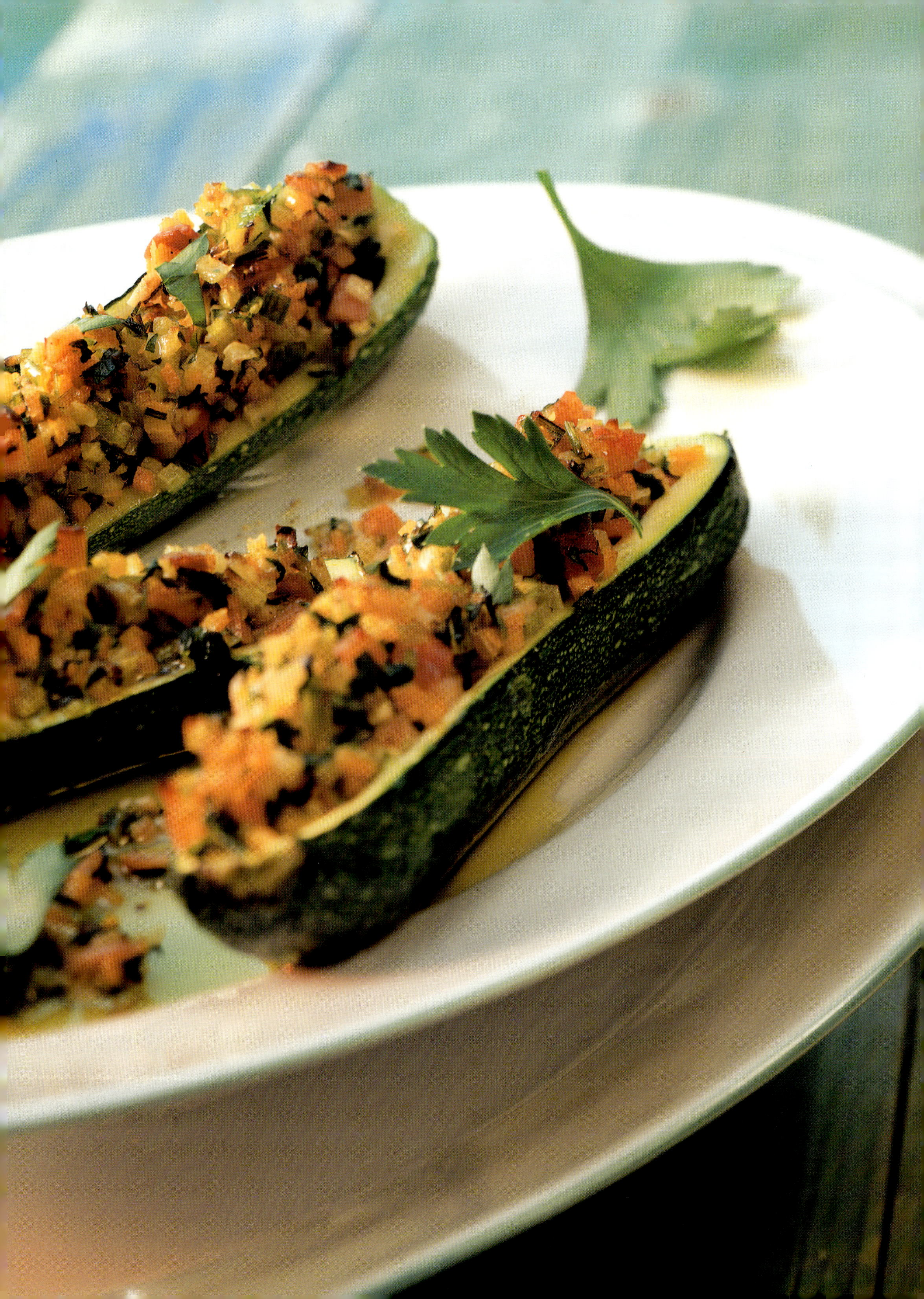

Zucchini

Junger Ziegenkäse in Zucchinistreifen mit Vinaigrette
für 4 Personen

Zubereitungszeit: ca. ½ Stunde

ZUTATEN:
2 mittelgroße Zucchini
4 reife Tomaten
1 Bund Thymian
1 Bund Basilikum
2 kleine runde, ungesalzene
Ziegenfrischkäse
1 TL Salz
Pfeffer aus der Mühle
8 EL gekaufte Vinaigrette
(z.B. mit Kräutern)
Olivenöl zum Braten

MENÜVORSCHLAG
Junger Ziegenkäse in Zucchini-
streifen mit Vinaigrette
Gebratene Geflügelleber mit
Balsamicokirschen (S. 134)
Zitronenstrauchauflauf mit
Ananassalbei-Krapfen (S. 40)

GETRÄNKEEMPFEHLUNG
Dazu passt ein Sauvignon
blanc, z.B. ein 1998er
Sauvignon blanc Errazuriz aus
Casablanca Valley (Chile)

1. Die Zucchini waschen und längs in hauchdünne Scheiben schneiden. Diese quer halbieren, salzen und pfeffern.

2. Die Tomaten kurz in kochend heißes Wasser einlegen, abschrecken und enthäuten. Tomaten vierteln, die Stielansätze herausschneiden und die Früchte entkernen. Das Fruchtfleisch in kleine Würfel schneiden. Den Thymian und das Basilikum waschen, trockenschütteln und jeweils die Blätter abzupfen. Von den Basilikumblättern einige klein schneiden und zusammen mit dem Thymian unter die Tomaten mischen.

3. Den Ziegenkäse vorsichtig mit den Zucchinistreifen umwickeln. Anschließend die Tomaten-Kräuter-Mischung auf dem Käse verteilen.

4. Den Backofen auf 220 °C (Umluft 180 °C) vorheizen. Die Vinaigrette in einem kleinen Topf erwärmen.

5. Die Unterseite des Ziegenkäses in einer Pfanne in Olivenöl anbraten und dann für etwa 1 Minute in den heißen Backofen geben.

6. Zum Servieren den Käse auf vorgewärmten Tellern anrichten, mit der Vinaigrette umgießen und mit den restlichen Basilikumblättchen garnieren.

Frank Buchholz: Mein Profi-Tipp
Beim Einkauf darauf achten, dass man den ungesalzenen Ziegenkäse nimmt, denn eventuelle Reste kann man auch fürs Dessert verwenden — anstatt Quark.

Variation
Selbst gemachte Vinaigrette

für 4 Personen

Zubereitungszeit: ca. ¼ Stunde

ZUTATEN:
1 Bund Basilikum
1 Zweig Thymian
2 reife Tomaten
2 EL Gemüsebrühe (Fertigprodukt oder Rezept S. 11)
1 EL Aceto balsamico
2 EL Olivenöl
Salz
Pfeffer aus der Mühle

1. Die Kräuter waschen, trockenschütteln und die Blättchen klein hacken. Tomaten kurz in kochend heißes Wasser einlegen, abschrecken, enthäuten, die Stielansätze herausschneiden und die Früchte entkernen. Das Fruchtfleisch klein würfeln.

2. Tomaten und Kräuter mit den restlichen Zutaten mischen. Mit Salz und Pfeffer abschmecken. Die Vinaigrette leicht erwärmen.

Zucchini

Gebackene Zucchiniblüten
für 4 Personen

Zubereitungszeit: ca. 1/2 Stunde

FÜR DIE BLÜTEN:
1 Zucchini
Salz, Pfeffer
2 TL Olivenöl
4 Zucchiniblüten
1 TL Salz
Pfeffer aus der Mühle
150 g Butterschmalz

FÜR DEN BIERTEIG:
200 g Mehl
2 Eigelb
250 ml Hefeweizen
Salz
1 EL Zucker
50 g zerlassene Butter
2 Eiweiß

FÜR DIE MADEIRASAUCE:
250 ml Gemüsebrühe (Fertigprodukt oder Rezept S. 11)
3 EL Trüffelfond
2 EL rauchzarter Madeira
30 g Butter

MENÜVORSCHLAG
Gebackene Zucchiniblüte
Lammrücken mit Oliven-Kräuter-Kruste (S. 42)
Millefeuille von Buttermilchmousse mit Kirschen (S. 136)

GETRÄNKEEMPFEHLUNG
Dazu passt ein frischer, kräftiger Weißwein, z.B: ein 1998er Bianco di Avignonesi aus Montepulciano (Toskana)

1. Die Zucchini waschen, den Stielansatz entfernen und das Fruchtfleisch in sehr kleine Würfel schneiden. Mit Salz und Pfeffer würzen. In einer Pfanne das Olivenöl sehr heiß erhitzen. Die Zucchiniwürfel darin kurz anbraten und anschließend abkühlen lassen. Die Zucchiniblüten vorbereiten und füllen (siehe unten).

2. Für den Bierteig Mehl, Eigelbe und Bier gut miteinander verrühren. Salz, Zucker und Butter dazugeben. Zuletzt das Eiweiß cremig schlagen und unter den Bierteig heben.

3. Zwischenzeitlich für die Madeirasauce die Gemüsebrühe aufkochen, den Trüffelfond und den Madeira dazugeben und die Butter in Stückchen einrühren.

4. Das Butterschmalz in einer schweren tiefen Pfanne erhitzen, die gefüllten Blüten in den Bierteig tauchen und im Schmalz goldgelb ausbacken. Anschließend auf Küchenkrepp entfetten, die gefüllten Zucchiniblüten einmal der Länge nach halbieren und mit der Madeirasauce servieren.

Frank Buchholz: Mein Profi-Tipp
Zucchiniblüten sind im Handel nicht einfach zu bekommen, deshalb am besten beim Gemüsehändler vorbestellen. Die beste Zeit für die Blüte ist der Mai.

Zucchiniblüten füllen: Die Blüten durch Schütteln von Staub und Schmutz befreien, den Stempel vorsichtig herausschneiden und anschließend die Blüten mit der Zucchinimischung füllen.

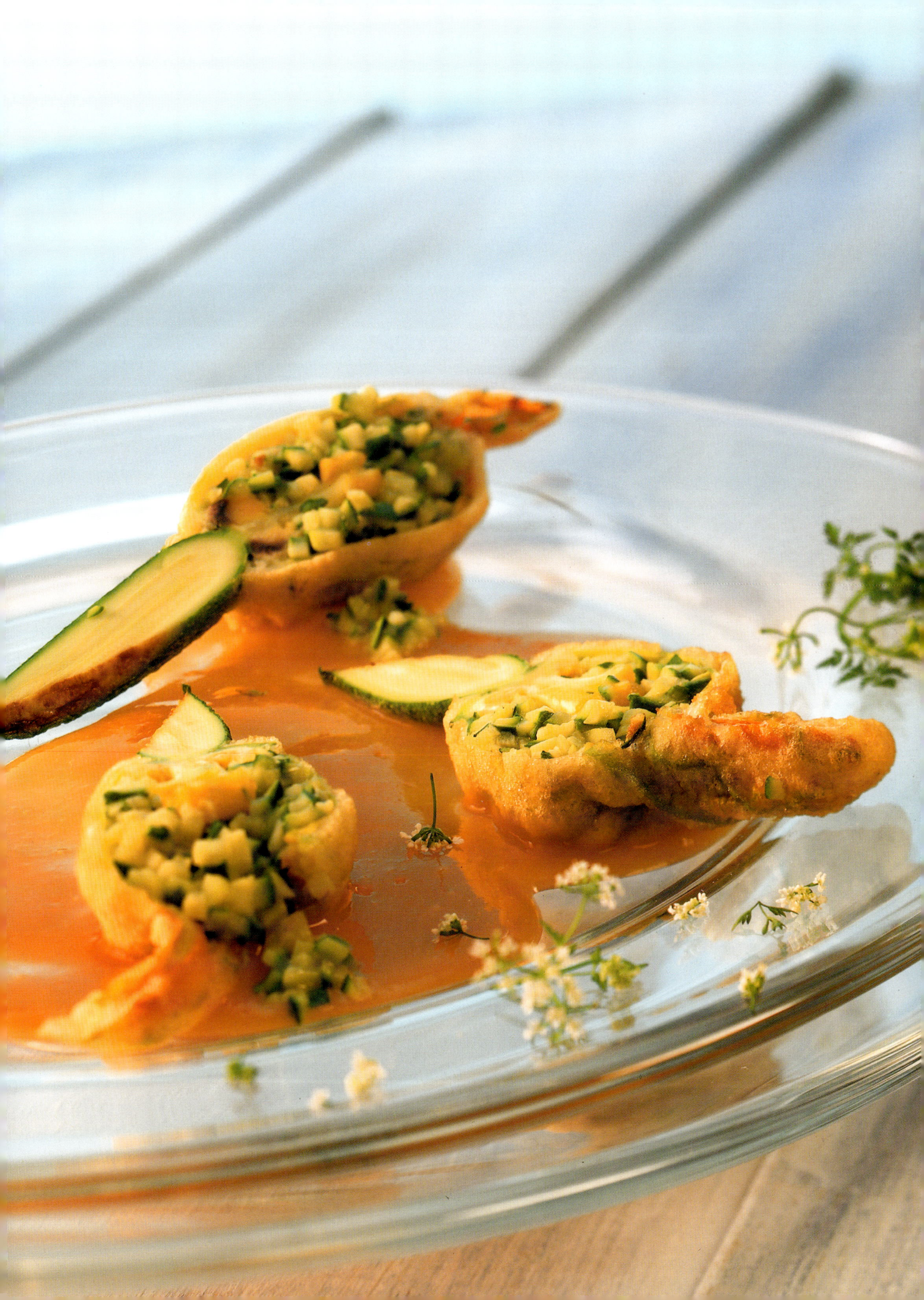

Zucchini

Auberginenmousse mit Zucchini auf Tomatensauce
für 4 Personen

Zubereitungszeit: ca. 1 Stunde

FÜR DIE TOMATENSAUCE:
je 1 Zweig Thymian, Rosmarin und Basilikum
1 Karotte
2 Schalotten
4 vollreife Tomaten
30 g Butter
1 TL Tomatenmark
4 EL trockener Rotwein
1 Prise Zucker
Salz
2 EL Gin
2 EL geschlagene Sahne

FÜR DIE AUBERGINENMOUSSE:
500 g Auberginen
750 g Sahne
Salz
weißer Pfeffer aus der Mühle
1/2 Knoblauchzehe, geschält

FÜR DIE ZUCCHINIGARNITUR:
2 Zucchini
30 g Butter
Salz

MENÜVORSCHLAG
Auberginenmousse mit Zucchini auf Tomatensauce
Lasagne vom Lachs (S. 66)
Kirschtartes (S. 138)

GETRÄNKEEMPFEHLUNG
Dazu passt ein nicht zu schwerer Rotwein, z.B. ein 1997er Château la Baronne aus Corbieres (Frankreich)

1. Die Kräuter waschen, die Blättchen von den Stielen zupfen und hacken. Karotte und Schalotten schälen und würfeln. Von den Tomaten die Stielansätze herausschneiden. Die Tomaten vierteln, entkernen und in kleine Würfel schneiden.

2. Die Butter in einer Kasserolle aufschäumen, die Karotte und die Schalotten darin andünsten. Das Tomatenmark unterrühren und leicht anrösten. Mit dem Rotwein ablöschen. Die Tomaten dazugeben, mit dem Zucker, Salz und den Kräutern würzen. Den Gin dazugießen und die Sauce bei schwacher Hitze offen 10 bis 15 Minuten köcheln lassen. Die Sauce mit dem Pürierstab aufmixen und durch ein Sieb streichen. Dann nochmals aufkochen, eventuell unter Rühren noch etwas einkochen lassen.

3. Für die Mousse die Auberginen waschen, schälen und in kleine Würfel schneiden. Mit der Sahne, Salz und Pfeffer bei schwacher Hitze so lange kochen, bis die Sahne völlig eingekocht ist (sonst wird die Mousse zu flüssig). Dabei immer wieder umrühren. Anschließend das Auberginengemüse fein pürieren und durch ein Sieb streichen. Den Knoblauch auf eine Gabel spießen und einige Male durch die Auberginenmasse ziehen.

4. Für die Garnitur die Zucchini waschen und von den Stiel- und Blütenansätzen befreien. Mit Schale in 2 mm dicke Scheiben schneiden. In einem Topf die Butter mit 1/2 l Salzwasser zum Kochen bringen. Die Zucchinischeiben darin zugedeckt etwa 2 Minuten blanchieren, in ein Sieb schütten und kalt überbrausen. Zum Abtropfen auf Küchenkrepp legen.

5. Die Mousse abschmecken und nochmals erwärmen. Die Tomatensauce aufkochen, die geschlagene Sahne unterziehen. Die Mousse jeweils in die Mitte der Teller geben, die Zucchinistreifen darum legen und mit der Tomatensauce beträufeln.

Frank Buchholz: Mein Profi-Tipp
Bei Auberginen sollte man die Kerne möglichst immer entfernen, weil diese bitter schmecken. Nur das Fruchtfleisch verwenden.

Ganz persönlich
Es ist ein alter und schöner Brauch, dass alle Frauen in Apulien (Italien) zur Geburt ihrer Kinder eine Aubergine bekommen. Sie ist ein Fruchtbarkeitssymbol und soll Mutter und Kind Glück bringen.

Variation
Kürbismousse

für 4 Personen

Zubereitungszeit: ca. 1 Stunde

ZUTATEN:
wie im Rezeptschritt
„Auberginenmousse" (siehe
links) statt der Aubergine
1 mittelgroßer Kürbis (Brutto-
gewicht ca. 800 g) oder
500 g Kürbis aus dem Glas

1. Den frischen Kürbis schälen, von dem weichen Faserteil und den Kernen befreien und das feste Fruchtfleisch in Würfel schneiden. Den Kürbis aus dem Glas in einem Sieb abtropfen lassen.

2. Weitere Zubereitung wie bei der links beschriebenen Auberginenmousse.

Nudeln

Für mich mit meinen italienischen Wurzeln ist eines ganz klar: Das Gerücht, dass der weltumreisende Venezianer Marco Polo die Nudeln aus China nach Italien gebracht habe, kann nicht stimmen. Mein Gefühl sagt mir: Italien ist die Heimat der Pasta – basta. Überhaupt: Versuchen Sie doch einmal, Spaghetti mit Stäbchen zu essen. Das allein muss als Beweis reichen. Klar ist, dass Nudeln schon vor Urzeiten erfunden wurden, denn ihre Zusammensetzung ist denkbar einfach: Mehl oder Grieß, Wasser und nach Belieben Eier. Angesichts dieser kurzen Zutatenliste ist es immer wieder überraschend, wie viele verschiedene Nudelsorten dabei herauskommen.

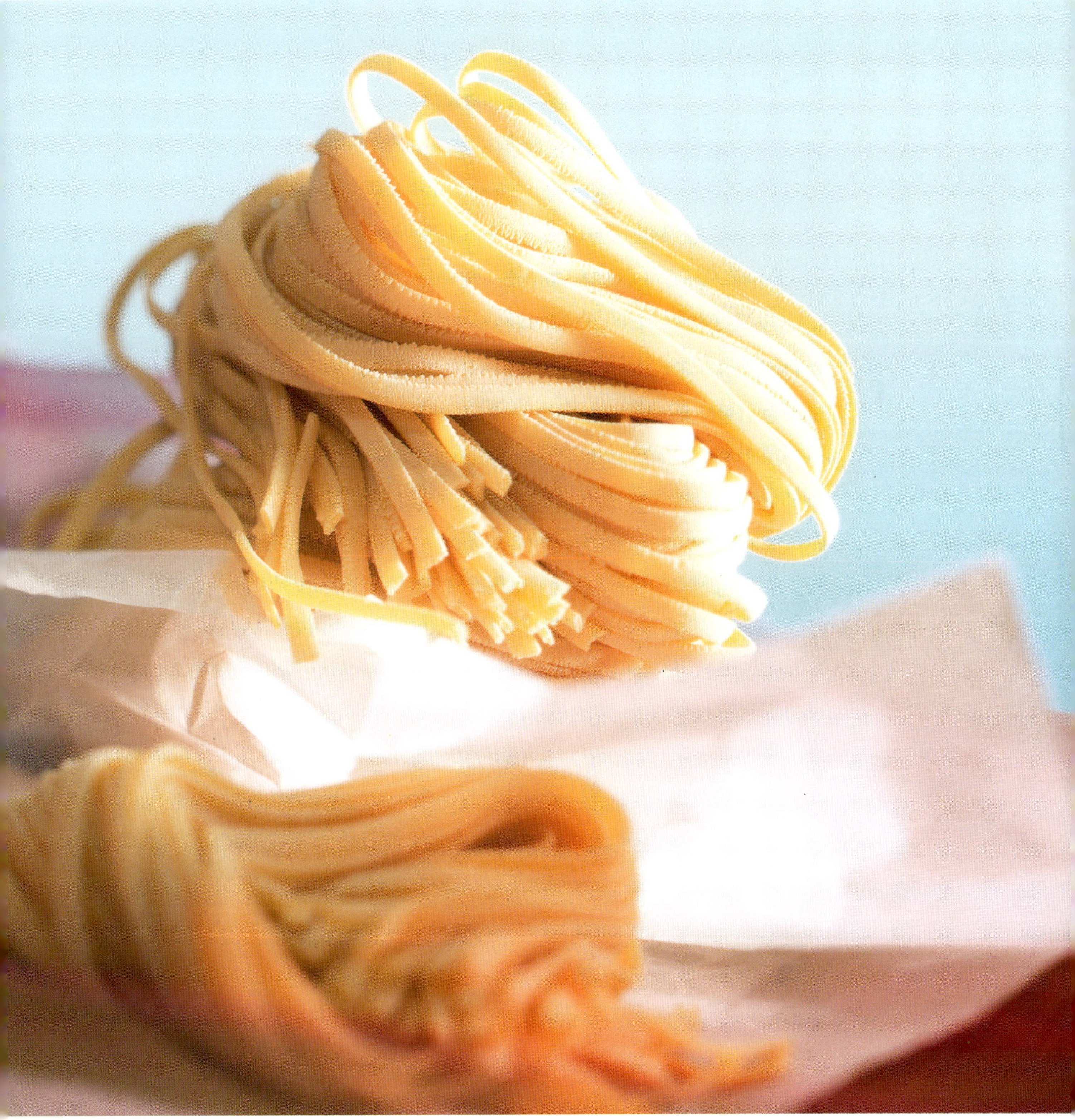

Warenkunde

Nudeln

Nudelsorten

Etwas anstrengend ist die Nudelzubereitung schon, macht jedoch eine Menge Spaß. Äußerst praktisch ist dabei eine Nudelmaschine, die einem schon eine Menge Arbeit abnimmt.

Guter Teig wird aus hochwertigem Grieß hergestellt, der leicht verdauliche Kohlenhydrate, Eiweiß, Vitamine und Mineralstoffe enthält. Üblicherweise wird Hartweizengrieß zur Nudelproduktion verwendet, manchmal aber auch Weizengrieß aus normalem „weichem" Weizen untergemischt. Damit werden die Nudeln beim Kochen etwas schneller weich.

Die wichtigsten Formen

Cannelloni: „große Röhren" mit Hohlraum für Fleisch- oder Gemüsefüllung, mit Sauce und Käse bedecken und überbacken

Fettucine: schmale Bandnudeln; auch farbig erhältlich, beispielsweise in Grün (mit Spinat) oder Rot (mit Tomatenmark); passen zu Butter- und Sahnesaucen mit Pilzen, hellem Fleisch oder Lachs.

Tagliatelle: noch schmaler als Fettucine.

Farfalle: in Schmetterlings bzw. Schleifchenform; dekorativ und lecker mit Ragouts und Saucen.

Fusilli: kleine Spiralen oder Korkenzieher, empfehlenswert für Eintöpfe, Saucengerichte und Aufläufe.

Gnocchi: aus lockerem Kartoffelteig mit Weizen- oder Maisgrieß und Ei; zu Saucen oder überbacken. Frische Gnocchi gibt es vakuumverpackt im Kühlregal.

Lasagne: Teigplatten; kurz vorkochen, abtropfen lassen und abwechselnd mit Hackfleisch-Tomaten-Sauce und Béchamelsauce in eine Form schichten und mit Käse überbacken.

Maccheroni: tulpenstieldicke Röhren; zu Aufläufen und Saucen.

Penne: kurze, hohle Nudeln, meistens gerippt, damit sie besonders viel Soße aufnehmen können.

Ravioli: Teigtaschen, traditionell gefüllt mit einer Mischung aus Spinat, Ricotta und Kräutern oder mit Fleischfarce.

Rigatoni: kurze, dicke Röhrennudeln, Oberfläche gerippt; zum Überbacken im Ofen geeignet.

Spaghetti: bis zu 60 cm lange drahtförmige Nudeln; werden bei der Herstellung unter Druck durch feine Lochsiebe gepresst und hängen dann zum Trocknen wie meterlange Perlenvorhänge über Stangen.

Spätzle: schwäbische Spezialität (ihre Zubereitung galt früher als Reifeprüfung der Braut für den Ehestand); aus einem eierreichen Nudelteig, durch Lochsiebe gepresst oder altmodisch vom Nudelbrett weg ins Kochwasser geschabt; weicher und saftiger als andere Nudeln, als Beilage zu Fleisch und Linsen und mit Käse.

Tortellini: angeblich dem Nabel der Venus nachempfunden; meist mit einer Mischung aus Hühner- und Schweinefleisch, Mortadella und Käse gefüllt; gibt es getrocknet, vakuumverpackt im Kühlregal oder tiefgefroren als Fertiggericht.

Zubereitungstipps

Entscheidend bei der Nudelherstellung ist die Wahl des Weizens und des Mahlgrads: Feinkörnig gemahlenen Grieß mit Wasser zu einem Teig quellen lassen, der weich sein muss, damit er gut formbar und elastisch bleibt und nicht reißt. Aber er darf auch nicht zu weich sein, denn die fertige Pasta soll nicht als „Mehlpampe" daherkommen, sondern als zarte, glatte Nudeln. Am besten lässt sich Durum-Weizen verarbeiten, eine Hartweizensorte.

Nudeln müssen „al dente" gegart werden. Der Begriff hat sich auch in unserem Sprachgebrauch eingebürgert. Man versteht darunter „bissfest" – nicht zu lange und nicht zu weich gekocht. Dafür folgende Regeln beachten:

■ Nudeln brauchen Bewegungsfreiheit: Immer in einem großen Topf mit reichlich Salzwasser kochen.
■ Nudeln ins Wasser geben und sofort umrühren.
■ Zwischendurch eine Garprobe machen.
■ Zum Schluss ein Glas kaltes Wasser zugeben. Dadurch wird der Garvorgang gestoppt.

Nudeln

Ricottaravioli mit Olivenvinaigrette
für 4 Personen

Zubereitungszeit: ca. ¾ Stunde
Ruhezeit: ca. 1 Stunde

FÜR DEN TEIG:
200 g Mehl
100 g Hartweizengrieß
1 Ei, 3 Eigelb
100 ml Milch
3 EL Öl, 1 TL Salz

FÜR DIE FÜLLUNG:
1 TL Olivenöl
1 TL Estragonessig, Salz
1 Artischocke
100 g Ricotta
weißer Pfeffer
1 Ei zum Bestreichen
Mehl zum Bestreuen

FÜR DIE VINAIGRETTE:
2 Tomaten
10 schwarze Oliven
10 grüne Oliven
1 Messerspitze Senf
2 EL gelagerter Aceto balsamico
2 EL junger Aceto balsamico
2 EL Gemüsebrühe (Fertigprodukt oder Rezept S. 11)
50 ml reduzierter roter Portwein (100 ml Ausgangsmenge)
50 ml reduzierter Madeira (100 ml Ausgangsmenge)
Salz, weißer Pfeffer
8 EL (125 ml) mildes Olivenöl

FÜR DIE GARNITUR:
einige Blätter Oregano

MENÜVORSCHLAG
Mais-Tomaten-Terrine (S. 16)
Ricottaravioli mit Olivenvinaigrette
Honigkaramell mit Ziegenfrischkäse und Himbeeren (S. 78)

GETRÄNKEEMPFEHLUNG
Dazu passt ein nicht zu kräftiger, aromareicher Chianti Classico, z.B. ein 1997er Chianti Classico (Toskana)

1. Für den Teig das Mehl auf die Arbeitsfläche sieben. Den Grieß, das Ei, Eigelbe, Milch, Öl und Salz untermischen und so lange verkneten, bis der Teig glatt und glänzend ist. Den Teig zu einer Kugel formen und abgedeckt etwa 1 Stunde ruhen lassen.

2. Inzwischen für die Füllung in einem Topf ½ l Wasser mit dem Olivenöl, Estragonessig und Salz zum Kochen bringen. Von der Artischocke mit einem scharfen Messer den Stiel entfernen und die Blätter abschneiden. Vom Artischockenboden mit einem Löffel das Heu abschaben und den Boden sofort ins kochende Wasser legen, damit er sich nicht verfärbt. 10 bis 15 Minuten garen, dann abkühlen lassen und würfeln.

3. Den Ricotta in einer Schüssel glatt rühren. Das Basilikum und die Artischocke untermischen und alles mit Salz und Pfeffer gut abschmecken.

4. Für die Vinaigrette die Tomaten kurz in kochend heißes Wasser einlegen, abschrecken und enthäuten. Tomaten halbieren, die Stielansätze entfernen, die Früchte entkernen und klein würfeln. Die Oliven entsteinen und klein würfeln. In einer Schüssel Senf, beide Essigsorten, Brühe, Portwein und Madeira mit Salz und Pfeffer glatt rühren. Zuletzt das Olivenöl nach und nach einrühren. Die Tomaten untermischen.

5. Den Ravioliteig halbieren und zu 1 mm dünnen Platten ausrollen. Auf eine Teigplatte die Ricottamischung in kleinen Häufchen aufsetzen. Mit verquirltem Ei die Zwischenräume bestreichen (siehe unten). Die zweite Teigplatte auflegen und an den Rändern und in den Zwischenräumen gut andrücken. Ravioli mit einem Ravioliausstecher (Ø 5 cm) ausstechen, mit Mehl bestäuben und auf ein Tuch legen.

6. Die Basilikumblätter in Streifen schneiden. Die Ravioli in 2 l kochendem Salzwasser etwa 2 Minuten garen, abgießen und auf Tellern anrichten, mit der Vinaigrette überziehen und dem Oregano garnieren.

Ravioli füllen: Die Ricottamischung in kleinen Häufchen auf den Teig setzen. Die Ränder sowie die Zwischenräume mit verquirltem Ei bestreichen.

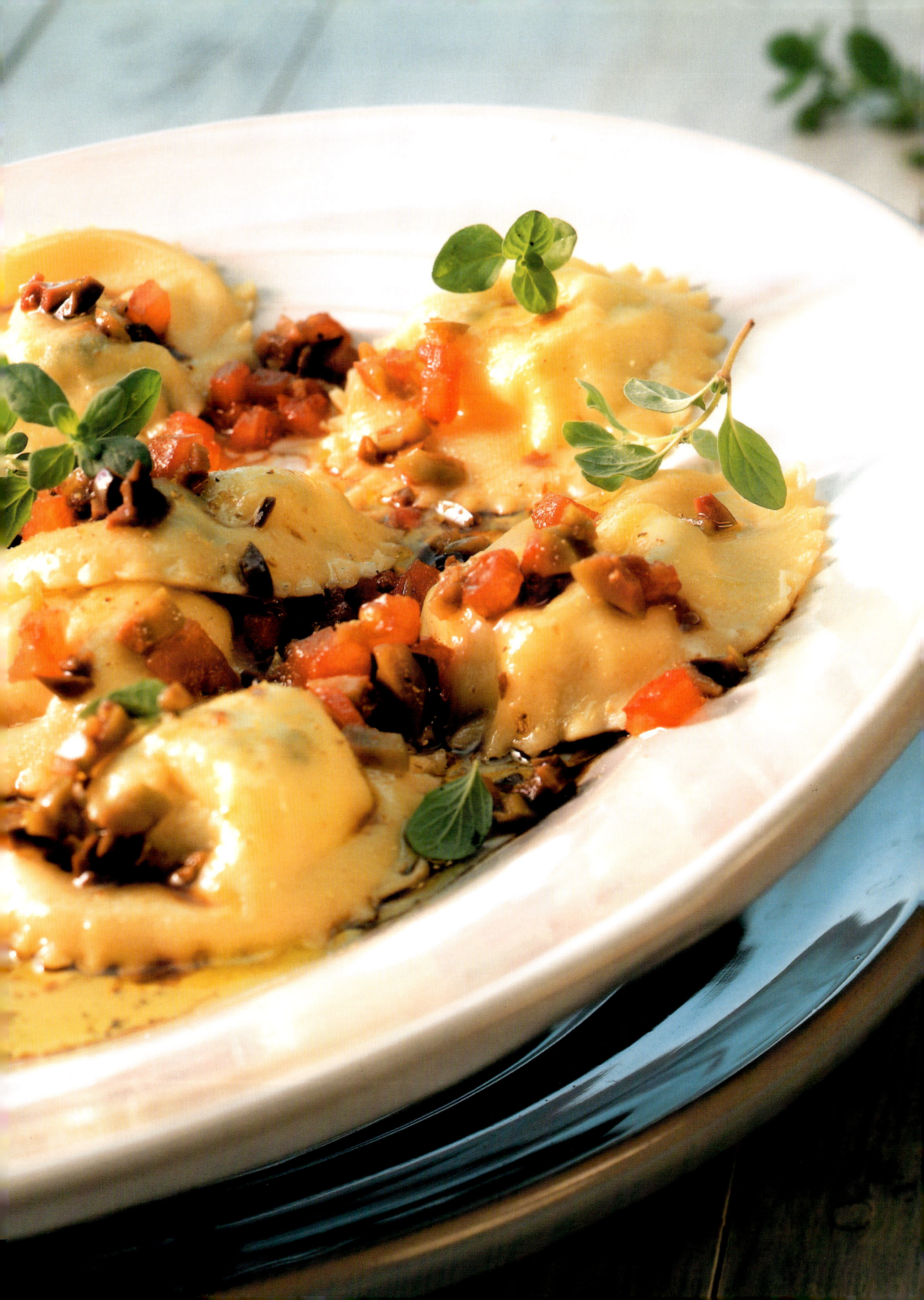

Nudeln

Lasagne vom Lachs
für 4 Personen

Zubereitungszeit: ca. 1/2 Stunde

ZUTATEN:
250 g Lasagneblätter
Salz
250 g Lachsfilet
2 EL Olivenöl
6 Tomaten
20 g Butter

FÜR DIE SAUCE:
1/2 Schalotte
100 ml Weißwein
2 TL Noilly Prat
100 ml kräftiger Fischfond
(Fertigprodukt oder Rezept
S. 10)
300 g Butter
Salz, Pfeffer
Zitronensaft
12 kleine Basilikumblätter
zum Garnieren

MENÜVORSCHLAG
Gazpacho (S. 18)
Lasagne vom Lachs
Millefeuille von Buttermilchmousse mit Kirschen
(S. 136)

GETRÄNKEEMPFEHLUNG
Dazu passt ein Rosé oder
Weißherbst, z.B: ein trockener
1998er Spätburgunder Weißherbst
Qualitätswein vom Weingut Salwey
aus Oberrotweil (Baden)

1. In einem großen Topf Salzwasser zum Kochen bringen. Die Lasagneblätter darin etwa 1 Minute blanchieren.

2. Für die Sauce die Schalotte schälen und fein schneiden. Den Weißwein mit dem Noilly Prat und der Schalotte aufkochen. Das Ganze mit dem Fischfond auffüllen und offen auf die Hälfte einkochen lassen. Anschließend die Butter in Stücken in die Sauce einrühren und alles mit dem Mixer aufschlagen.

3. Die Sauce mit Salz, Pfeffer und Zitronensaft abschmecken und durch ein Sieb passieren. Bis zum Servieren heiß halten.

4. Den Lachs in hauchdünne Scheiben schneiden und salzen. Im heißem Olivenöl kurz anbraten. Die Tomaten waschen, trocknen, die Stilansätze entfernen und in kleine Würfel schneiden. Diese in der Butter andünsten. Die Basilikumblätter waschen und trockentupfen.

5. Auf vorgewärmte Teller etwas Sauce geben. Darauf schichtweise 1 Lasagneblatt, etwas Tomate und 1 Lachsschnitte übereinander anrichten. Das Ganze mit der restlichen Sauce überziehen, mit dem Basilikum garnieren und sofort servieren.

Frank Buchholz: Mein Profi-Tipp

Das Rezept lässt sich leicht variieren: statt Lachs einfach Jakobsmuscheln oder Zander nehmen.

Ganz persönlich

In meinem ersten Lehrjahr vergaß ich einmal die Eier beim Nudelteig. Das Ergebnis brachte mich schier zur Verzweiflung: Immer wenn ich die Nudeln ins Wasser gab, verfielen diese vor meinen Augen. Mein Chef fand das gar nicht lustig: „Learning by doing" hieß es zur Strafe — wochenlang musste ich die Nudeln machen, damit ich die Eier wirklich nie wieder vergaß. Seit diesen Tagen sind Nudeln mein „Steckenpferd", und ich achte immer genau darauf, dass ich mich bei der Zubereitung penibel ans Rezept halte.

Variation
Hausgemachte Lasagneblätter

für 4 Personen

Zubereitungszeit: ca. ½ Stunde
Ruhezeit: ca. 1 Stunde

ZUTATEN:
250 g Mehl
60 g grober Hartweizengrieß
3 Eier
2 EL Olivenöl
1 TL Salz
Mehl für die Arbeitsfläche

1. Alle Zutaten für den Teig miteinander vermengen und zu einem glatten Teig kneten. Abgedeckt 1 Stunde ruhen lassen.

2. Den Teig anschließend auf einer bemehlten Arbeitsfläche ca. 1 mm dünn ausrollen und daraus etwa 10 x 8 cm große Blätter schneiden. Diese in kochendem Salzwasser etwa 1 Minute garen.

Nudeln

Hausgemachte Bandnudeln in Roquefortsauce
für 4 Personen

Zubereitungszeit: ca. ½ Stunde
Ruhezeit: ca. 1½ Stunden

FÜR DEN NUDELTEIG:
250 g Mehl
60 g grober Hartweizengrieß
3 Eier
2 EL Olivenöl
1 TL Salz
Mehl für die Arbeitsfläche

FÜR DIE ROQUEFORTSAUCE:
10 Basilikumblätter
80 g Roquefort
300 g Sahne
50 g Butter
geriebene Muskatnuss
Salz
Pfeffer aus der Mühle

MENÜVORSCHLAG
Spargel mit Beaujolaissauce
(S. 34)
Hausgemachte Bandnudeln in
Roquefortsauce
Panna cotta mit Beerenragout
(S. 80)

GETRÄNKEEMPFEHLUNG
Dazu passt ein Chardonnay aus
dem Barrique, z.B. ein 1997er
Chardonnay Coastal Mondavi aus
Kalifornien (USA)

1. Alle Zutaten für den Nudelteig miteinander vermengen und kneten, bis der Teig ganz glatt ist. Abdecken und mindestens 1 Stunde ruhen lassen.

2. Anschließend den Teig auf einer bemehlten Arbeitsfläche dünn ausrollen und in feine Streifen schneiden. Die Nudelstreifen auf einem bemehlten Tablett ausbreiten und noch etwa 30 Minuten antrocknen lassen.

3. Für die Roquefortsauce das Basilikum waschen und trockentupfen. Den Roquefort in kleine Würfel schneiden. Die Sahne mit Butter, Basilikumblättern und Roquefort-Würfeln in einer schweren, tiefen Pfanne erhitzen. Mit etwas Muskatnuss, Salz und Pfeffer abschmecken.

4. Die Nudeln in kochendem Salzwasser 2 Minuten garen, abgießen, kurz abschrecken und in der Roquefortsauce schwenken. Das Ganze nochmals abschmecken und sofort auf vorgewärmten tiefen Tellern servieren.

Frank Buchholz: Mein Profi-Tipp
Anstatt Roquefort kann man auch andere Edel- oder Blauschimmelkäse nehmen. Generell gilt: je reifer der Käse, desto intensiver der Geschmack der Sauce.

Ganz persönlich
Der alte Spruch „Hunger ist der beste Koch" hat manchmal seine Berechtigung: An einem Abend hatte ich nur noch eine Packung Nudeln und ein Stück Käse im Haus. Der Hunger regte meine Kreativität an, und ich zauberte aus meinem kleinen Stück Edelschimmelkäse eine köstliche Sauce. Seit diesem Abend verwende ich in der Küche gern Käse bei den Saucen.

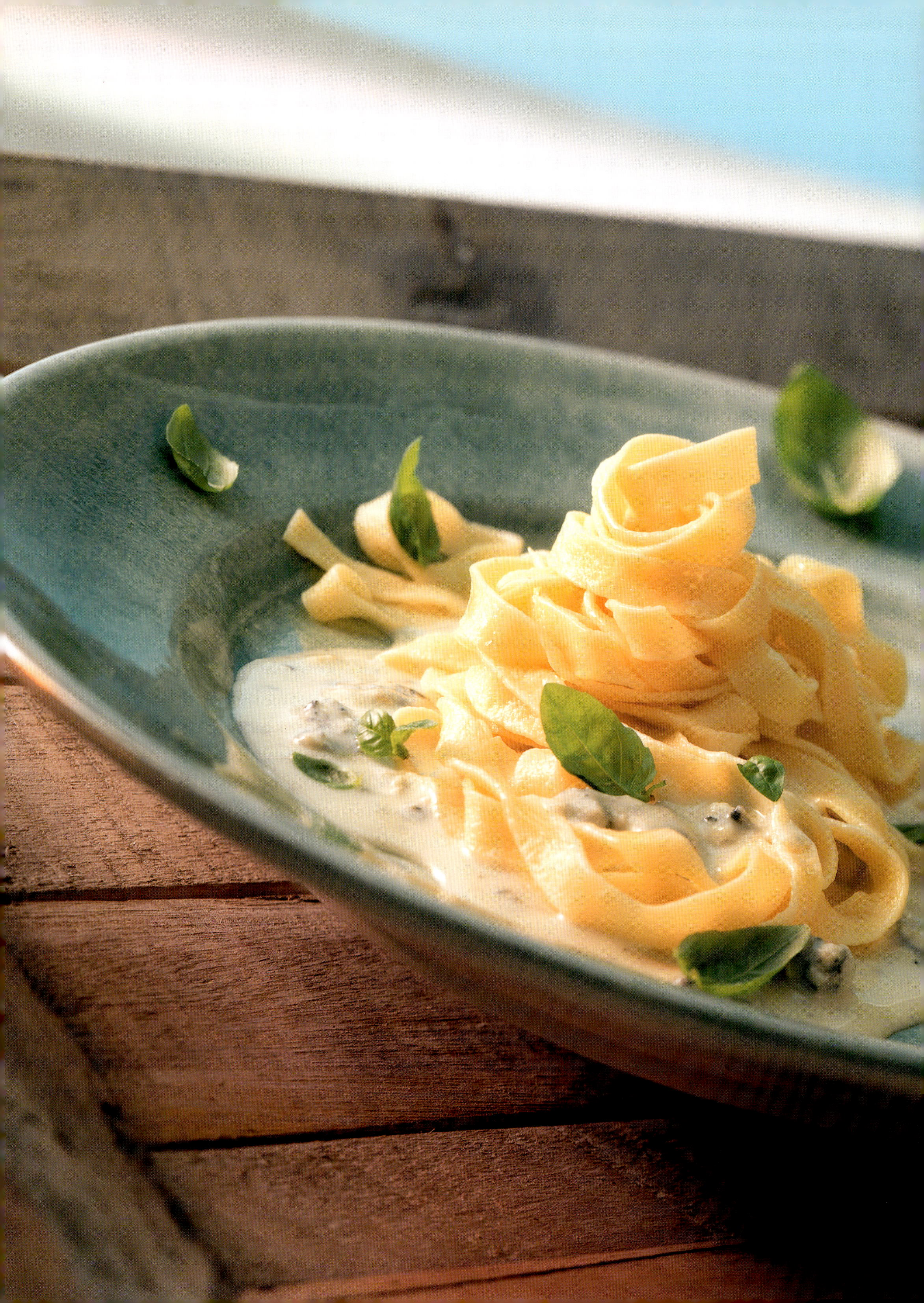

Nudeln

Basilikumgnocchi mit Tomatengemüse
für 4 Personen

Zubereitungszeit: ca. 1/2 Stunde

FÜR DIE GNOCCHI:
600 g mehlig kochende Kartoffeln
1 gute Hand voll Basilikumblätter
3 TL Olivenöl
2 Eier
100 g Mehl
Salz
frisch gemahlener Peffer
geriebene Muskatnuss

FÜR DAS TOMATENGEMÜSE:
einige Zweige Oregano, Thymian und Majoran
1 Tomate
1 Schalotte
2 EL Tomatenkonzentrat
1 Knoblauchzehe
2 EL Olivenöl
Salz
Pfeffer aus der Mühle

ZUM ANRICHTEN:
5 EL geriebener Parmesan
einige Basilikumblätter

1. Für die Gnocchi die Kartoffeln in der Schale kochen, noch heiß schälen, durchpressen oder durch ein Sieb streichen und etwas auskühlen lassen.

2. Die Basilikumblätter waschen, trockentupfen, fein hacken und mit 2 Teelöffeln Olivenöl vermengen. Das Öl zusammen mit den Eiern unter das Kartoffelpüree mischen, anschließend das Mehl gut untermengen. Den Teig mit Salz, Pfeffer und wenig Muskatnuss abschmecken.

3. Aus der Masse Gnocchi formen (siehe Fotos unten). Reichlich Salzwasser, dem das restliche Öl beigegeben wurde, aufkochen und die Gnocchi hineingeben. Die Hitzezufuhr etwas reduzieren. Sobald die Gnocchi obenauf schwimmen, herausnehmen und gut abtropfen lassen.

4. Für das Tomatengemüse die Kräuter waschen, trockenschütteln, die Blättchen abzupfen und fein hacken. Die Tomate waschen und würfeln. Die Schalotte schälen und fein hacken. Schalotte und Tomatenkonzentrat kurz im Olivenöl andünsten, den Knoblauch schälen und dazupressen. Die Kräuter zu den Tomatenwürfeln geben, alles aufkochen und kurz ziehen lassen. Mit Salz und Pfeffer abschmecken.

5. Das heiße Tomatengemüse auf die Teller geben, die Gnocchi darauf anrichten, mit etwas geriebenem Parmesan bestreuen und mit Basilikumblättern garnieren.

Frank Buchholz: Mein Profi-Tipp

Schupfnudeln sind sozusagen die deutschen Gnocchi. Doch hierzulande kommen Schupfnudeln nicht nur als eigenständiges Gericht auf den Tisch, sondern sie sind auch eine beliebte Kartoffelbeilage.

MENÜVORSCHLAG
Gebackene Steinpilze (S. 90)
Basilikumgnocchi mit Tomatengemüse
Panna cotta mit Beerenragout (S. 80)

GETRÄNKEEMPFEHLUNG
Dazu passt ein Cuvée aus Cabernet Sauvignon und Tinto Fino, z.B: ein 1996er Pago de Carraovejay Crianza aus Ribera Del Duero (Spanien)

Gnocchi zubereiten: Die gekochten Kartoffeln durch eine Presse drücken. Den Gnocchiteig zu kleinen Röllchen formen und diese mit einer Gabel etwas flach drücken.

Variation
Schupfnudeln

für 4 Portionen

1. Den Teig wie links bei den Basilikumgnocchi beschrieben (nur ohne Basilikum) zubereiten.

2. Aus dem Teig kleine Kügelchen formen, diese über den Handrücken abrollen und in kochendem Salzwasser, dem das restliche Öl beigegeben wurde gar ziehen lassen.

3. Wenn die Schupfnudeln an der Oberfläche schwimmen, herausnehmen und abtropfen lassen. Diese in einer Pfanne in der Butter anbraten.

Zubereitungszeit: ca. ¾ Stunde

ZUTATEN:
600 g mehlig kochende Kartoffeln
3 TL Olivenöl
2 Eier
100 g Mehl
Salz
frisch gemahlener Peffer
geriebene Muskatnuss
Butter zum Braten

Beeren

Sie sind ein wunderbares Geschenk der Natur – bunte Wonneproppen, prall gefüllt mit Vitaminen, Fruchtzucker und Mineralien: Beeren. Ob Erdbeeren, Himbeeren, Stachelbeeren, Brombeeren, Johannisbeeren oder Heidelbeeren – im Müsli, mit Quark, als feines Sorbet oder einfach nur frisch vom Strauch gepflückt, Beeren schmecken nicht nur herrlich, sie sind Fitmacher, die den Körper mit viel Energie versorgen. Ein gesundes Dopingmittel von Mutter Erde.

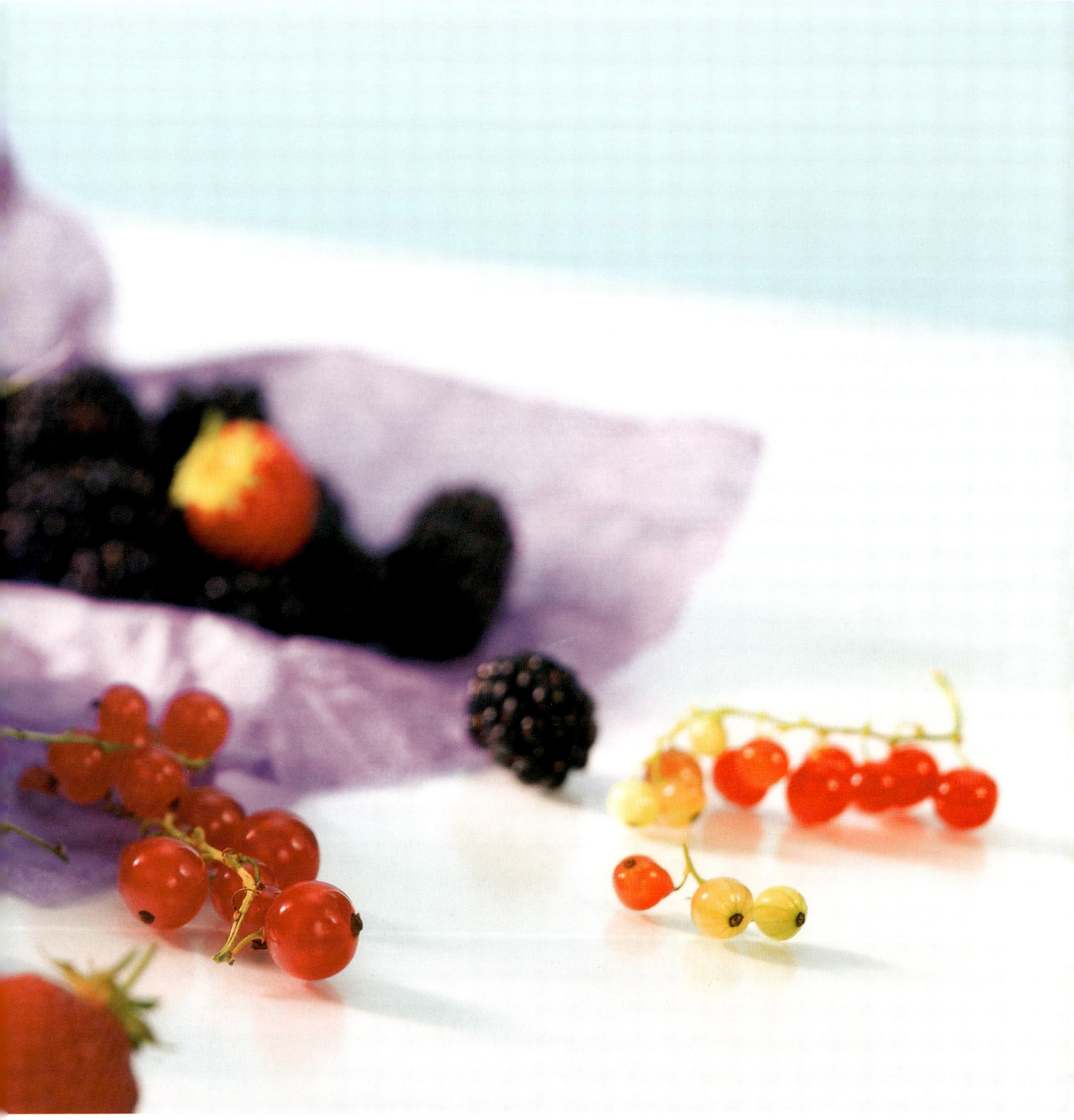

Warenkunde

Beeren

Erdbeeren
Jene großfruchtige Sorte, die wir heute vorrangig genießen, entstand im 18. Jahrhundert in den herrlichen Gärten von Versaille. Der Zufall schuf eine Kreuzung aus kleinen amerikanischen Scharlach-Erdbeeren und größeren gelben Exemplaren aus Chile. Voilà, die Kulturerdbeere war geboren.

Einkaufstipps
Freilanderdbeeren bekommt man von Mai bis Oktober, heimische Erdbeeren im Juni und Juli, Treibhausware im März und April, im Winter und Frühjahr Importware aus Übersee.

Haltbarmachung
Einfrieren: Beeren reinigen, trockentupfen, einzeln auf ein Tablett legen, einfrieren. Anschließend in ein Behältnis geben. Oder als Mark einfrieren. Geeignet zum Einwecken.

Himbeeren
Mönche im Mittelalter züchteten Himbeeren, weil sie glaubten, sie könnten Schlangenbisse heilen. Ich empfehle dafür Arzt und Apotheker. Doch für die Geschmacksnerven sind die kleinen, flaumig behaarten Früchte genau das Richtige.

Einkaufstipps
Erntezeit von Ende Juni bis in den September. Haupterntezeit ist im Juli, dann schmecken sie auch am besten. Himbeeren sollten prall, trocken und frei von Schimmel sein. Beim Kauf auf die Unterseite des Schälchens achten: Wenn der Boden feucht ist, sind die unteren Früchte nicht mehr einwandfrei.

Haltbarmachung
Die Früchte nach dem Kauf ausbreiten, aussortieren, kühl und dunkel aufbewahren. Möglichst am Einkaufstag verzehren. Sehr trockene Früchte können einen Tag mit Frischhaltefolie abgedeckt im Gemüsefach des Kühlschranks lagern. Himbeeren eignen sich auch sehr gut zum Einfrieren.

Stachelbeeren
Stachelbeeren haben eine feine und feste Schale, die mal glatt, mal mehr oder weniger borstig behaart ist. Ihre Farbe variiert von weißlich-grün über goldgelb oder hellbraun bis rot. Stachelbeeren werden als einzige Frucht unreif geerntet und verarbeitet. Die grün geernteten Beeren sind wesentlich kleiner als die voll ausgereiften Früchte, aber geschmacksintensiver und vielseitig weiterzuverarbeiten.

Einkaufstipps
Von Ende Mai bis August kaufen. Die Früchte sollten gleichmäßig groß und prall, die Härchen sowie die Blüten- und Stängelansätze nicht schlaff sein.

Haltbarmachung
Grüne Beeren halten sich bis zu drei Wochen im Gemüsefach des Kühlschranks. Zum Einfrieren geeignet. Reife Stachelbeeren schnell verarbeiten.

Johannisbeeren
Von den Johannisbeeren (auch Ribiseln genannt) gibt es rund 50 verschiedene Sorten, die meisten rot, ein kleinerer Teil schwarz, einige wenige weiß. Rote Johannisbeeren reifen um den 24. Juni, dem Johannistag, aber bedingt durch Züchtung hat sich die Saison heute bis in den September verlängert.

Einkaufstipps
Saison von Juni bis August. Die Früchte sollten glänzend und prall aussehen. Auf Schimmelbildung an den grünen Rispen achten.

Haltbarmachung
Im Kühlschrank zwischen zwei Tüchern aufbewahren. Zum Einfrieren die Beeren ohne Rispen auf ein kleines Tablett legen, einfrieren, dann erst in ein Gefäß geben.

Beeren

Wiener Himbeeromelett
für 4 Personen

Zubereitungszeit: ca. 1/2 Stunde

ZUTATEN:
200 g Quark (20 % Fett)
3 Eigelb
abgeriebene Schale
von 1/2 Zitrone
4 Eiweiß
150 g Zucker
300 g Himbeeren
Butter zum Backen
2 EL Sahne
Puderzucker zum Bestäuben

MENÜVORSCHLAG
Mais-Tomaten-Terrine (S. 16)
Feldsalat mit Kartoffeldressing und Rotbarbenfilet
(S. 104)
Wiener Himbeeromelett

GETRÄNKEEMPFEHLUNG
Dazu passt ein Eau de vie, z.B. ein Waldhimbeergeist von Vallendar aus Pommern (Mosel)

1. Den Quark durch ein Sieb in eine Schüssel streichen, dann die Eigelbe dazugeben und gründlich unterrühren. Die Zitronenschale untermischen.

2. Die Eiweiße mit 70 g Zucker mit dem Handrührgerät zu einer cremigen, nicht zu festen Masse schlagen.

3. Die Quarkmasse und den Eischnee mit einem Schneebesen vorsichtig vermengen. Den Backofen auf 220 °C vorheizen.

4. Die Himbeeren verlesen und waschen. 150 g davon in einer Glasschüssel mit dem restlichen Zucker vermischen. Die übrigen Himbeeren mit dem Mixstab pürieren und anschließend durch ein Sieb passieren.

5. 2 ofenfeste beschichtete Pfannen von etwa 18 cm Durchmesser erhitzen. Etwas Butter darin erhitzen. Mit einer Schöpfkelle je ein Viertel der Omelettmasse in den Pfannen verteilen und glatt streichen.

6. Die Omeletts bei mittlerer Hitze etwa 2 Minuten leicht anziehen lassen, dann für weitere 8 Minuten in den Backofen (Mitte) stellen. Dabei verdoppelt sich das Volumen.

7. Die beiden Omeletts herausnehmen. Die Himbeeren mit einem Löffel darüber streuen und die Omeletts zur Hälfte zusammenklappen.

8. Die Omeletts auf vorgewärmte Teller stürzen und mit wenig Puderzucker bestäuben. Die Hälfte der Himbeersauce daneben verteilen. Etwas Sahne darauf geben und mit einer Gabel ein Muster durch die Sauce ziehen.

9. Die Omeletts rasch servieren, sie fallen sonst wieder zusammen. Mit dem restlichen Omeletteig ebenso verfahren.

Frank Buchholz: Mein Profi-Tipp
Statt der Himbeeren kann man auch Brombeeren oder Erdbeeren verwenden. Als Dekoration machen sich Minzblättchen gut.

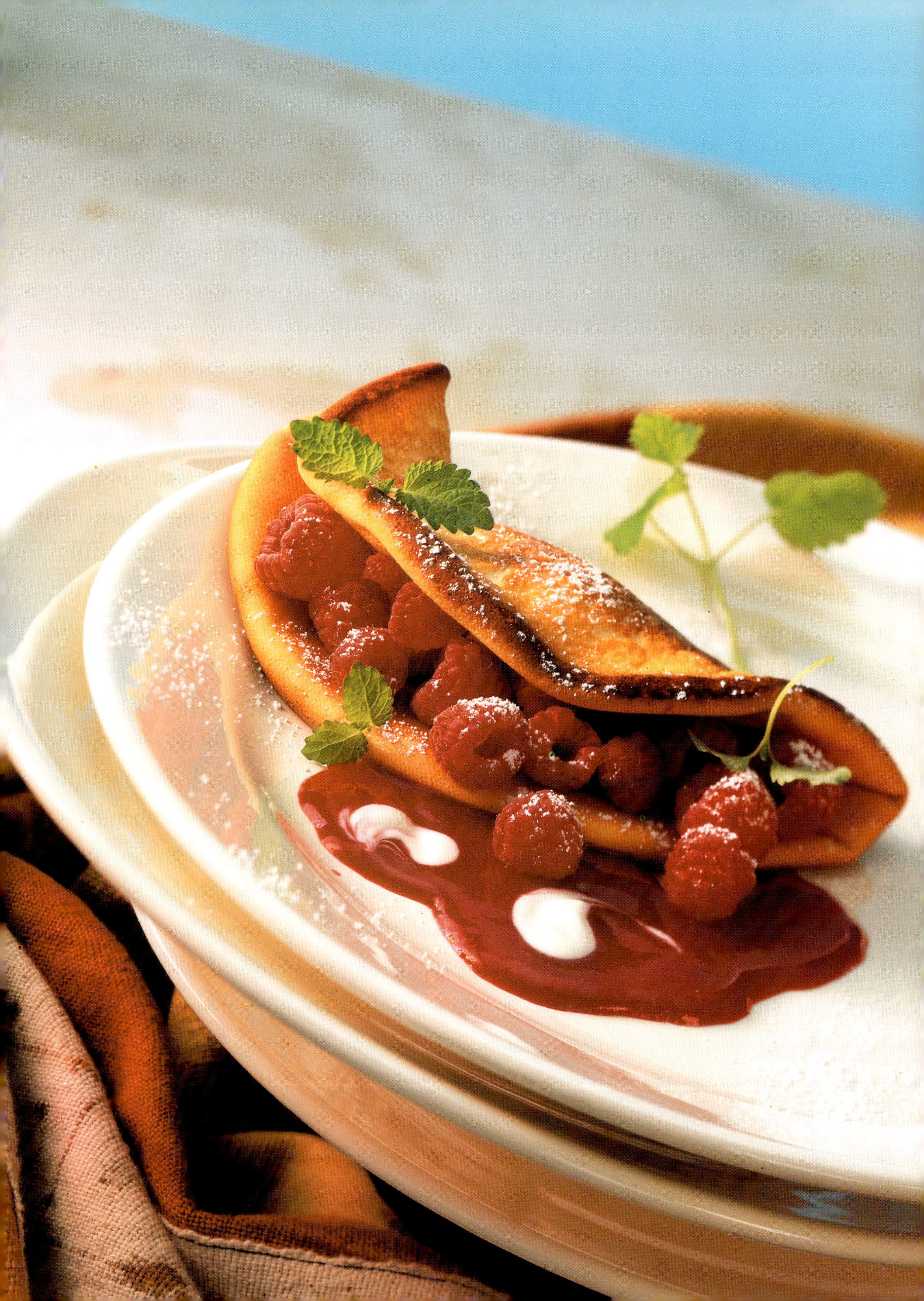

Beeren

Honigkaramell mit Ziegenfrischkäse und Himbeeren
für 4 Personen

Zubereitungszeit: ca. 1/2 Stunde

ZUTATEN:
150 g Ziegenfrischkäse
120 g Himbeeren

FÜR DEN KARAMELL:
150 g Zucker
100 g Honig

MENÜVORSCHLAG
Thunfischcarpaccio mit Grilltomaten (S. 22)
Ricottaravioli mit Olivenvinaigrette (S. 64)
Honigkaramell mit Ziegenfrischkäse und Himbeeren

GETRÄNKEEMPFEHLUNG
Dazu passt ein 10 Jahre alter Madeira, z.B. ein Bual - Finest medium rich Madeira, von Henriques & Henriques (Portugal)

1. Für den Karamell Zucker, Honig und 150 ml Wasser in einem Topf bei schwacher Hitze kochen, bis goldgelber Karamell entsteht. Damit der Zucker am Topfrand nicht anbrennt, diesen ständig mit einem mit Wasser befeuchteten Pinsel sauber halten.

2. Den Karamell auf Backpapier gießen, erkalten lassen und mit dem Nudelholz ganz dünn ausrollen.

3. Anschließend den Frischkäse in gut fingergroße Stifte schneiden. Die Himbeeren verlesen, waschen, auf Küchenkrepp abtropfen lassen und in den Topf vom Karamellkochen geben, und bei schwacher Hitze unter gelegentlichem behutsamen Rühren erhitzen. Die Beeren sollen dabei nicht zerfallen.

4. Den Karamell in unregelmäßige Stücke brechen und jeweils zwischen die Ziegenkäsestifte auf 4 Tellern verteilen. Daneben die Himbeeren anrichten.

Frank Buchholz: Mein Profi-Tipp

Wem Ziegenkäse zu stark im Geschmack ist, der kann diesen durch Mozzarella ersetzen. Besonders fein ist Büffelmozzarella. Die benötigte Menge bleibt unverändert. Die Jahreszeit bestimmt den exakten Speiseplan: Entweder Waldbeeren reichen oder nur eine Sorte von Beeren.

Noch ein besonderer Tipp: Den Mozzarella kurz in dem Karamell anschwenken, bis die Oberfläche leicht zerläuft, dann warm essen.

Ganz persönlich

Heißer Karamell hat es in sich. Einmal ist mir nur ein kleiner Klumpen auf die Hose getropft und hat ein Loch hineingebrannt. Deshalb den Karamell erst nach dem Abkühlen probieren.

Variation
Honigkaramell mit Mozzarella und Waldbeeren

für 4 Personen

Zubereitungszeit: ca. ½ Stunde

ZUTATEN:
150 g Büffelmozzarella
120 g Waldbeeren

FÜR DEN KARAMELL:
150 g Zucker
100 g Honig

1. Den Karamell ebenso wie im linken Rezept zubereiten, ausgießen, erkalten lassen, ausrollen und in regelmäßige Stücke brechen.

2. Den Mozzarella ebenfalls in Stifte schneiden. Die Beeren wie im linken Rezept zubereiten.

Beeren

Panna cotta mit Beerenragout
für 4 Personen

Zubereitungszeit: ca. 1/2 Stunde
Ruhezeit: ca. 2 Stunden

FÜR DIE PANNA COTTA:
750 g Sahne
je 1 unbehandelte Orange und Zitrone
150 g Zucker
2 Vanilleschoten
1/3 Zimtstange, ca. 2 cm
1/4 Sternanis
5 Blatt Gelatine
etwas Grand Marnier
etwas Amaretto

FÜR DAS BEERENRAGOUT:
200 g gemischte Beeren
1 EL Grand Marnier
Puderzucker

MENÜVORSCHLAG
Spargel mit Beaujolaissauce (S. 34)
Lasagne vom Lachs (S. 66)
Panna cotta mit Beerenragout

GETRÄNKEEMPFEHLUNG
Dazu passt eine vollmundige Auslese mit feiner Frucht und Säure, z.B. eine 1997er Riesling Auslese vom Weingut Bassermann-Jordan aus Deidesheim (Pfalz)

1. Für die Panna cotta die Schlagsahne in einen Topf geben. Orange und Zitrone waschen, schälen, auspressen und den Saft sowie die Schale zur Sahne geben.

2. Den Zucker zugeben und alles, ohne den Zucker zu verrühren, erwärmen. (Der Zucker schmilzt beim Erwärmen der Sahne und verteilt sich auf dem Boden des Topfes, dadurch brennt die Sahne nicht an.)

3. Die Vanilleschoten halbieren, auskratzen und das Mark zur Sahne geben. Zimtstange und Sternanis hinzufügen und, ohne zu rühren, einmal kurz aufkochen.

4. Die Gelatine in kaltem Wasser einweichen, die Sahne durchpassieren, die Gelatine dazugeben und in der Sahne auflösen. Mit etwas Grand Marnier und Amaretto abschmecken und abkühlen lassen.

5. Wenn die Sahne fast kalt ist, mit dem Mixstab 5 Minuten kalt mixen, damit sich die Vanille richtig verteilt und die Gelatine sich nicht absetzt. Nun die Panna cotta in 4 kleine runde Förmchen (Ø 5 cm) umfüllen und kalt stellen.

6. Für das Beerenragout die Beeren verlesen, waschen, abtropfen lassen und mit dem Grand Marnier und dem Puderzucker verrühren und etwas durchziehen lassen.

7. Aus der erstarrten Panna cotta mit einem großen Ausstecher 4 oder 8 Stücke ausstechen und auf Teller setzen bzw. die Panna cotta aus den kleinen Förmchen auf Teller stürzen. Mit den Beeren garnieren.

Frank Buchholz: Mein Profi-Tipp
Wenn es mal schnell gehen soll, dann kann man Panna cotta auch fertig kaufen. Als Dekoration passt Zitronengras — einfach über die Panna cotta auf den Tellern verteilen.

Ganz persönlich
Das ist das Lieblingsdessert meines Vaters. Und weil die beste Panna cotta aus der italienischen Küche kommt, gingen wir immer zum Italiener essen.

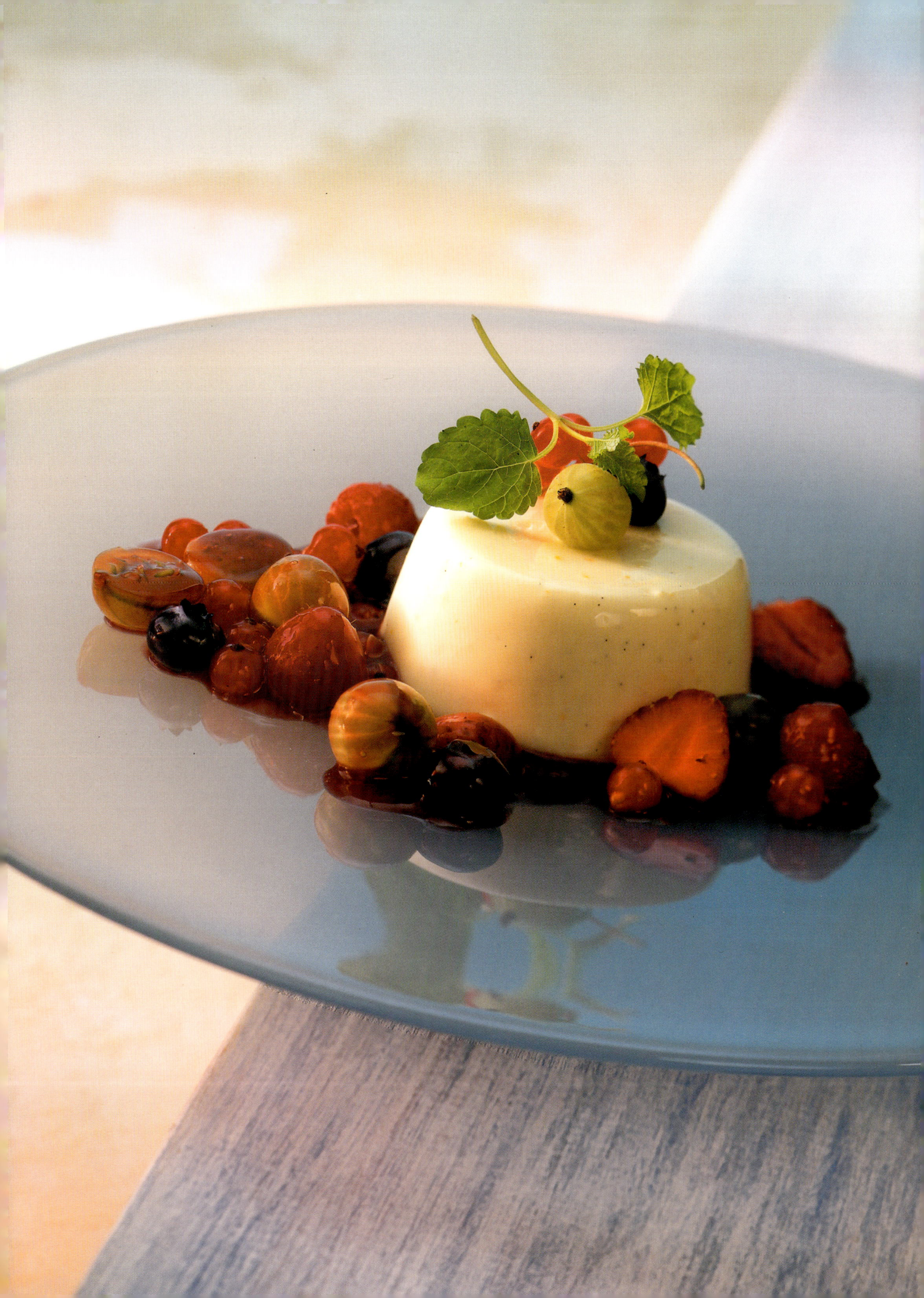

Beeren

Apfel-Brombeer-Streusel
für 4 Personen

Zubereitungszeit: ca. 1/2 Stunde

ZUTATEN:
3 große Äpfel
30 g Butter
etwa 225 g Zucker
etwas Zimt
80 g Brombeeren

FÜR DIE STREUSEL:
50 g kalte Butter
100 g Mehl
75 g Zucker

FÜR DIE GARNITUR:
evtl. einige Pfefferminz-
blättchen
etwas Puderzucker

1. Die Äpfel schälen, von Stiel, Blütenansatz und Kernhaus befreien. Jeden Apfel in 6 Schnitze und diese in 5 mm dicke Scheiben schneiden.

2. Die Butter erhitzen und die Äpfel darin sanft anbraten. Zucker und 1 Prise Zimt hinzufügen und die Äpfel knapp weich dünsten. Je nach Geschmack noch etwas mehr Zucker und Zimt hinzufügen.

3. Die Brombeeren verlesen, waschen, auf Küchenkrepp abtropfen lassen und vorsichtig untermischen. Den Backofen auf 200 °C vorheizen.

4. Für die Streusel die Butter in kleine Würfel schneiden, mit Mehl und Zucker mischen und alles mit kalten Händen zu Krümeln verreiben.

5. Die Apfel-Brombeer-Mischung in 4 ofenfeste Portionsförmchen (Ø ca. 8 cm) verteilen, mit Streuseln bedecken und im Backofen leicht goldbraun überbacken. Evtl. mit Pfefferminzblättchen garniert servieren und mit etwas Puderzucker überstäuben.

Frank Buchholz: Mein Profi-Tipp
Die Äpfel nach dem Schälen nicht lange an der Luft liegen lassen, sondern in Zitronenwasser einlegen. Dies verhindert, dass sich die Äpfel braun färben. Hier sollten eher etwas säuerliche Äpfel, wie zum Beispiel die Sorte Boskop, verwendet werden.

MENÜVORSCHLAG
Kartoffelrösti mit Gemüse-
tatar (S. 102)
Gebratene Geflügelleber mit
Balsamicokirschen (S. 82)
Apfel-Brombeer-Streusel

GETRÄNKEEMPFEHLUNG
Dazu passt ein edelsüßer Ries-
ling mit Finesse, z.B. eine
1997er Riesling Spätlese vom
Weingut Clüsserath-Weiler aus
Trittenheim (Mosel)

Variation
Stachelbeer-Johannisbeer-Streusel

für 4 Personen

Die Beeren vorbereiten: Verlesen, entstielen, waschen, auf Küchenkrepp abtropfen lassen. Weitere Zubereitung wie im Rezept links.

Frank Buchholz: Mein Profi-Tipp

Da Stachel- und Johannisbeeren leicht säuerlich schmecken, ruhig etwas mehr Zucker verwenden.

Zubereitungszeit: ca. 1/2 Stunde

ZUTATEN:
wie im Rezept links
statt der Äpfel: je 80 g Stachelbeeren und 80 g Johannisbeeren

Pilze

Das „Fleisch des Waldes" nennt man Pilze gern. Eine Bezeichnung, die gleich in dreifachem Sinne zutrifft. Zum einen sehen Pilze ohne Grünzeug drumherum wahrlich nicht wie Gemüse aus. Dann ist der dunkle feuchte Waldboden ihre Heimat, aus ihm saugen sie wertvolle Mineralien. Und zum anderen enthalten Pilze wenig Kohlenhydrate, dafür, ähnlich wie Fleisch, sehr viel Proteine. Gerade nach einem feuchten Sommer gedeihen sie prächtig. Und dann ziehen die Pilzsammler wieder los, im Gepäck immer ein klein wenig Angst vor einem giftigen Missgriff. Wie viel einfacher ist da doch der gefahrlose Einkaufsbummel auf dem Markt.

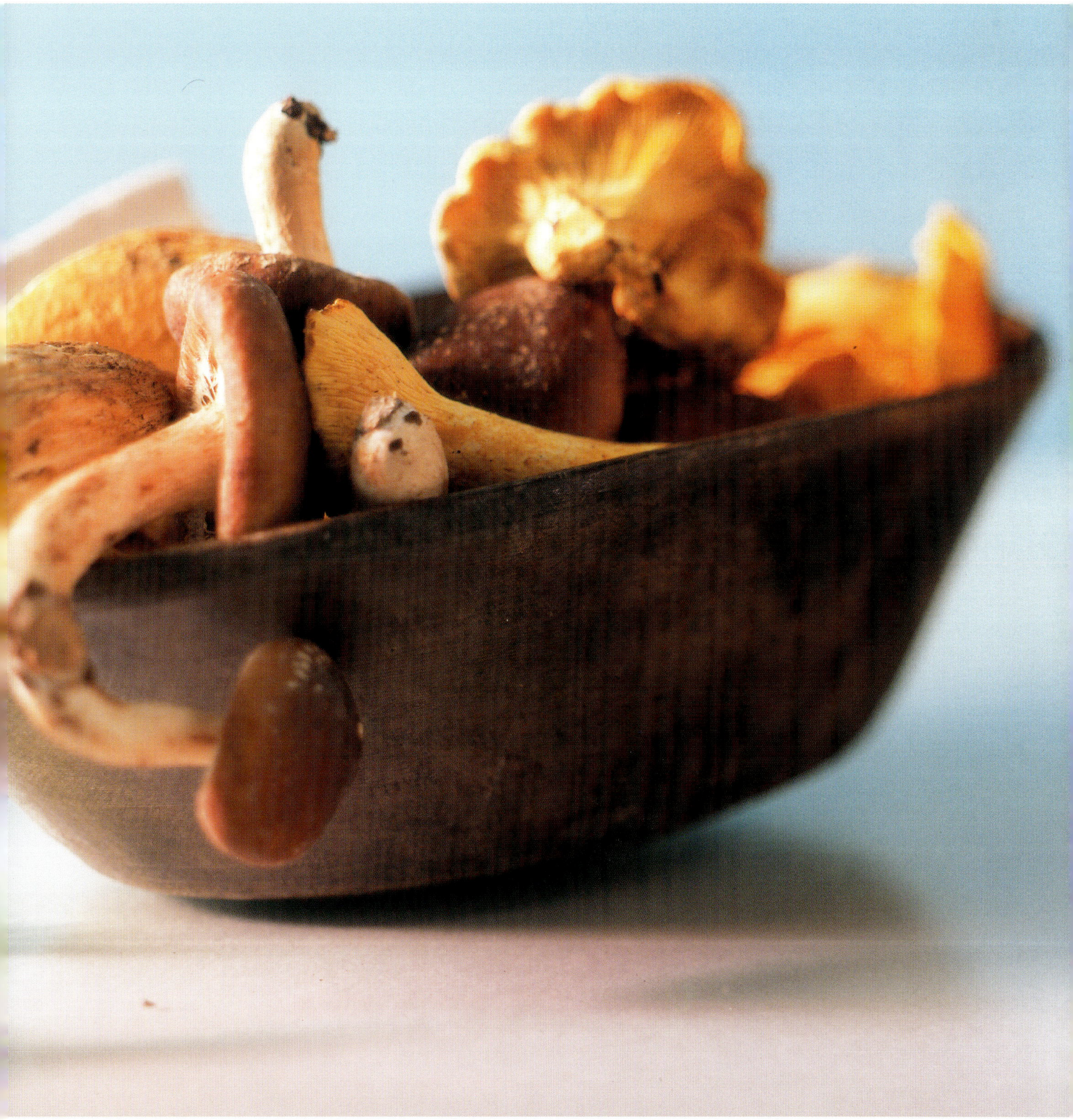

Warenkunde

Pilze

Pilzsorten

Nur wenige Pilze lassen sich züchten, dazu gehören Champignons, Austernpilze und Shiitake-Pilze. Pilze sind kalorienarm, ihr Hauptanteil ist Wasser. Das Pilzeiweiß ist für den Menschen allerdings nur bedingt verwertbar.

Champignons: Auch Egerling genannt. Ganzjährig im Angebot. Man unterscheidet zwischen weißen und braunen Kulturchampignons. Man kann sie roh oder gekocht, geschmort, gedünstet oder gegrillt essen.

Brauner Champignon: Auch Brauner Egerling oder Crème Champignon genannt. Eine Neuzüchtung aus der Champignonfamilie. Sein borkiger Hut hat die Farbe von hellem Milchkakao. Er ist aromatischer, länger haltbar und nicht so druckempfindlich wie der weiße Bruder. Sein Geschmack ähnelt dem der Wildpilze.

Austernpilze: Ebenfalls eine Neuzüchtung. Der elfenbeinfarbene Pilz wächst auf Holz, hat einen breitkrempigen Hut mit saftigem Fleisch und einen besonders aromatischen Geschmack.

Shiitake-Pilze: Stammen ursprünglich aus Japan. Die festfleischigen Pilze mit den hell- bis rotbraunen Hüten gewinnen zunehmend an Beliebtheit. Shiitake-Pilze enthalten weniger Wasser und sind daher besser lagerfähig als die Konkurrenz. Sie haben ein feines, intensives Aroma. Schon kleine Mengen genügen, um einem Gericht eine besondere Pilznote zu verleihen.

Waldpilze: Kommen in wesentlich geringeren Mengen als Zuchtpilze und nur im Sommer und Herbst auf den Markt. Sie sind meist sehr teuer. Das Herkunftsland muss angegeben werden. Wegen der Schadstoffbelastung in wild wachsenden Pilzen durch Cadmium oder Cäsium empfiehlt das deutsche Bundesgesundheitsamt: Erwachsene sollten pro Woche nicht mehr als 200–250 g Waldpilze essen. Einen intensiven Geschmack haben auch getrocknete Pilze, die sich gut zum Aromatisieren von Suppen und Saucen verwenden lassen.

Einkaufstipps

Champignons kommen in zwei Formen in den Handel: mit Stielende oder abgeschnitten (nur der untere Teil des Stiels). Beide Formen gibt es mit offenen und geschlossenen Köpfen. Der Hut muss in jedem Fall leicht nach unten gebogen sein, sonst ist der Pilz zu alt.

Aufbewahrung

Pilze sollten möglichst immer direkt verzehrt werden, obwohl sie sich im Gemüsefach des Kühlschranks noch drei bis fünf Tage frisch halten. Vorsichtig transportieren und lagern: Pilze sind druckempfindlich, manche zerbrechlich, zum Beispiel Austernpilze. Da Champignons auch lichtempfindlich sind, müssen sie entsprechend gelagert werden, am besten kühl und trocken, aber nach Möglichkeit nicht im Kühlschrank.

Zubereitungstipps

Man sollte Champignons nur mit einem Tuch oder einer weichen Bürste abreiben und allenfalls erst kurz vor der Zubereitung waschen, da sie sich mit Wasser vollsaugen und beim Dünsten dann leicht zäh werden.

Tipp: Pilze immer erst nach dem Kochen, Braten oder Dünsten würzen. Wenn beim Dünsten Flüssigkeit austritt, einfach abgießen und anschließend dem Gericht wieder zufügen. Man kann auch eine Sauce daraus bereiten.

Ganz persönlich

Ich freue mich jedes Jahr auf die Pilzzeit, denn ich bin leidenschaftlicher Pilzsammler. Es gibt kaum etwas Schöneres, als morgens loszuziehen und abends aus meiner Ausbeute etwas Feines zu kochen.

Pilze

Kartoffelravioli mit Pfifferlingen

für 4 Personen

Zubereitungszeit: ca. 1 Stunde

FÜR DIE KARTOFFELRAVIOLI:
500 g frische Pfifferlinge
1 kleine Schalotte
130 g Butter
Salz, weißer Pfeffer
4 große fest kochende Kartoffeln
1 Eigelb, 1 EL Sonnenblumenöl

FÜR DIE VINAIGRETTE:
2 EL reduzierter Portwein
(4 EL Ausgangsmenge)
2 EL reduzierter Madeira
(4 EL Ausgangsmenge)
1 EL Aceto balsamico
1 EL Himbeeressig
4 EL Olivenöl
1 EL Trüffelöl, 1 Msp. Senf
1 EL fein gehackter Kerbel und einige ganze Kerbelblättchen
1 EL fein gehackte Petersilie
Salz, Pfeffer

MENÜVORSCHLAG
Kartoffelravioli mit Pfifferlingen
Fasanenbrust in weißer Pfeffercreme mit Apfelspalten (S. 110)
Millefeuille von Buttermilchmousse mit Kirschen (S. 136)

GETRÄNKEEMPFEHLUNG
Dazu passt ein nicht all zu kräftiger Rotwein, z.B. ein 1998er ‚us de la meng' vom Weingut Meyer Näkel aus Dernau (Ahr)

1. Die Pilze putzen und mit einem trockenen Tuch abreiben. Die Hälfte davon in kleine Würfel schneiden. Die übrigen Pilze beiseite legen. Die Schalotte schälen und klein schneiden. 50 g Butter in einer schweren Pfanne erhitzen. Die Schalotte darin glasig dünsten. Die Pilze dazugeben und bei starker Hitze etwa 1 Minute mitbraten. Mit Salz und Pfeffer würzen, herausnehmen und zum Abtropfen auf Küchenkrepp geben.

2. Für die Kräutervinaigrette in einer Schüssel Portwein, Madeira, beide Essigsorten, das Olivenöl und das Trüffelöl mit dem Senf gründlich verrühren. Die gehackten Kräuter unterrühren und die Vinaigrette mit Salz und Pfeffer würzen.

3. Für die Kartoffelravioli die Kartoffeln waschen, schälen und mit einem Gemüsehobel in 1 mm dünne Scheiben schneiden. Darauf achten, dass die Scheiben gleichmäßig geschnitten sind und ganz bleiben. Die Hälfte der Kartoffelscheiben auf ein Tuch legen, trockentupfen und die Ravioli wie unten beschrieben zubereiten.

4. Die übrigen Pilze in Scheiben schneiden. Das Öl in einer Pfanne erhitzen. Die Pilze darin etwa 1 Minute bei starker Hitze braten. Mit Salz und Pfeffer würzen.

5. Die restliche Butter klären (s. Rezept S. 112 Punkt 5). Dann die Butter vorsichtig in eine beschichtete Pfanne umgießen. Die Kartoffelravioli darin bei mittlerer Hitze in etwa 2 Minuten von beiden Seiten goldgelb backen. Auf Küchenkrepp abtropfen lassen.

6. Die Kräutervinaigrette mit den Pilzen mischen und auf Teller verteilen, die Ravioli darauf setzen und mit Kerbelblättchen garnieren. Rasch servieren.

Kartoffelravioli zubereiten: Die Kartoffelscheiben mit verquirltem Ei bestreichen und die Pfifferlinge häufchenweise auf die Scheiben setzen. Die restlichen Kartoffelscheiben darüber legen, fest andrücken.

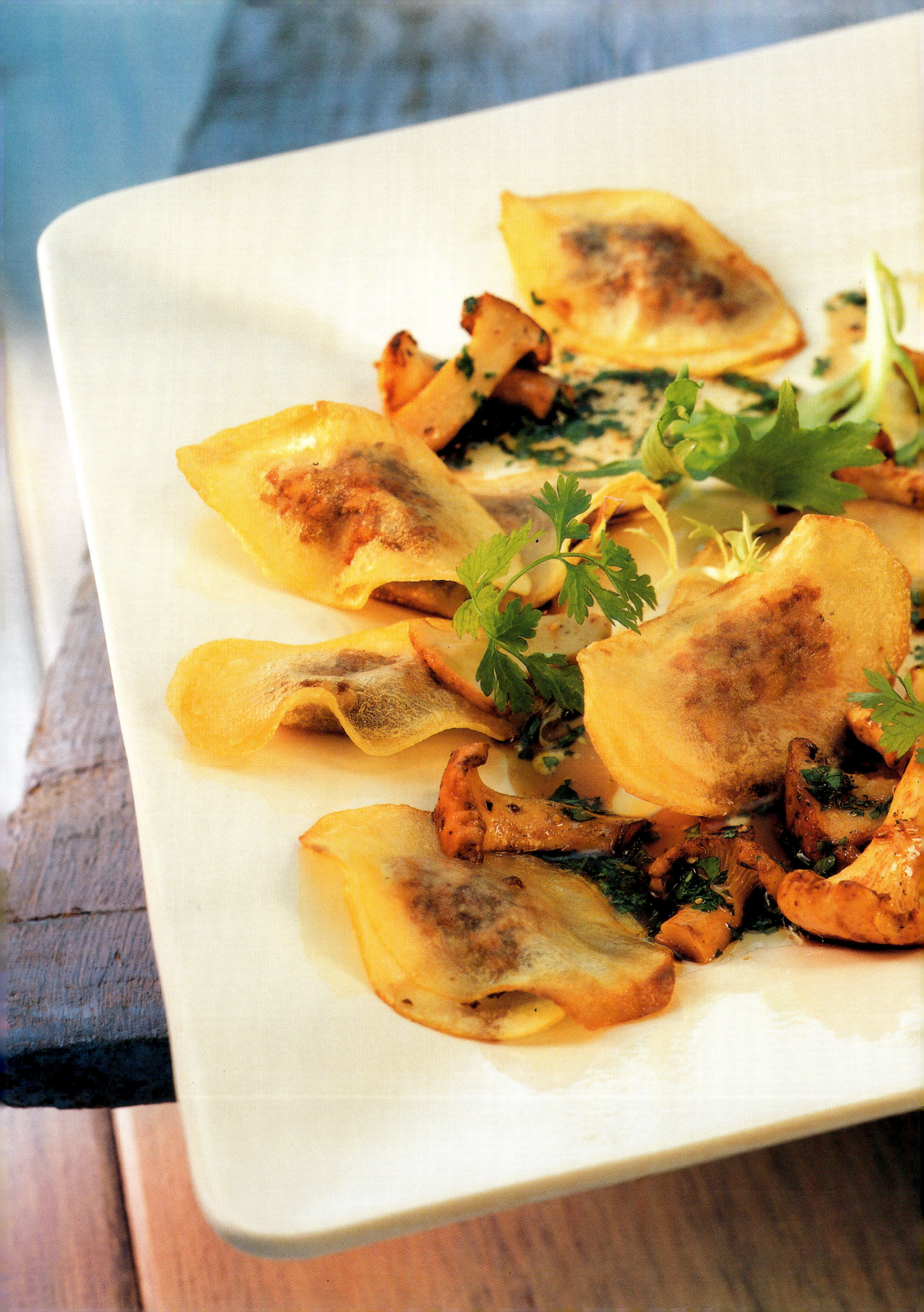

Pilze

Gebackene Steinpilze
für 4 Personen

Zubereitungszeit: ca. 1/4 Stunde

ZUTATEN:
600 g Steinpilze
1 TL Salz
weißer Pfeffer aus der Mühle
1 TL Zitronensaft
50 g Mehl zum Wenden
2 Eier
Semmelbrösel zum Wenden
Butterschmalz zum Ausbacken

2 Hand voll gemischte Salat- und Kräuterblättchen
2 EL Vinaigrette (Rezept S. 88)
30 g Butter

MENÜVORSCHLAG
Gebackene Steinpilze
Basilikumgnocchi mit Tomatengemüse (S. 70)
Honigkaramell mit Ziegenfrischkäse und Himbeeren (S. 78)

GETRÄNKEEMPFEHLUNG
Dazu passt ein kräftiger Grauburgunder, z.B. eine trockene 1998er Grauburgunder Spätlese vom Weingut Bercher aus Burkheim (Baden)

1. Die Steinpilze putzen, mit einem Tuch abreiben, der Länge nach in gleichmäßige Scheiben schneiden. Mit Salz, Pfeffer und Zitronensaft würzen.

2. Die Pilze zuerst im Mehl, dann in den verquirlten Eiern und zum Schluss in den Bröseln wenden. Die Panade vorsichtig andrücken und nicht haftende Brösel abfallen lassen.

3. Das Butterschmalz in einer tiefen Pfanne oder in einer Fritteuse auf gut 180 °C erhitzen (ist die Temperatur erreicht, steigen an einem in das Fett gehaltenen Holzstäbchen Blasen auf) und die Pilze darin goldbraun ausbacken. Herausnehmen und auf Küchenkrepp entfetten.

4. Die Salat- und Kräuterblättchen waschen und trockenschütteln. Die Pilze auf vorgewärmten Tellern anrichten und mit den mit der Vinaigrette marinierten Salat- und Kräuterblättchen umlegen.

5. Die Butter in einem kleinen Topf schmelzen, leicht schaumig schlagen und die Pilze damit beträufeln.

Frank Buchholz: Mein Profi-Tipp

Vorsicht bei Steinpilzen: Sie sind oft von Würmern befallen. In einem solchen Fall bzw. auch bei älteren Exemplaren den Stielgrund sowie evtl. schmierige Röhrenschichten auf der Unterseite der Hüte abschneiden. Steinpilze sind übrigens im geputzten Zustand sehr gut geeignet zum Eingefrieren.

Variation
Gebackene Champignons
für 4 Personen

Zubereitungszeit:
ca. 10 Minuten

ZUTATEN:
500 g Champignons, geputzt
1 TL Salz
weißer Pfeffer aus der Mühle
5 EL Pfeilwurzelmehl
Butterschmalz zum Ausbacken

1. Champignons der Länge nach in gleichmäßige Scheiben schneiden und mit Salz und Pfeffer würzen. Das Pfeilwurzelmehl mit 10 Esslöffeln Wasser zu einem Teig verrühren.

2. Die Pilzscheiben in den Teig tauchen und wie im Rezept links beschrieben in 180 °C heißem Butterschmalz goldgelb ausbacken.

Pilze

Cassoulet von Pilzen
für 4 Personen

Zubereitungszeit:
ca. 1¼ Stunden

FÜR DIE MARINIERTEN PILZE:
100 g kleine Champignons
100 g Pfifferlinge
100 g Steinpilze
1 Bund Basilikum
1 Bund Estragon
½ l Gemüsebrühe (Fertig-
produkt oder Rezept S. 11)
2 EL Estragonessig
Salz

FÜR DEN SPARGEL:
500 g grüner Spargel
Saft von ½ Zitrone
½ TL Zucker
Salz
1 Scheibe Toastbrot

FÜR DIE KAPERNSAUCE:
1 Schalotte
375 g Crème double
150 g Sahne
3 TL Estragonessig
3 TL Himbeeressig
1 TL Senf
Salz, Pfeffer
1 TL trockner Weißwein
1 TL Zitronensaft
2 Tomaten
1 Avocado
½ Zitrone
50 g Kapern

MENÜVORSCHLAG
Cassoulet von Pilzen
Kalbsbries mit Gemüse und
karamellisierter Löwenzahn-
wurzel (S. 44)
Wiener Himbeeromelett (S. 76)

GETRÄNKEEMPFEHLUNG
Dazu passt ein kräftiger, etwas
gehaltvollerer Weißwein, z.B.
eine trockene, im Barrique
ausgebaute 1997er Weißburgunder
Spätlese vom Weingut Paul
Fürst aus Bürgstadt (Franken)

1. Die Pilze putzen und mit einem Tuch abreiben. Die Kräuter waschen, trockentupfen und die Blättchen hacken. Die Gemüsebrühe mit dem Essig, den Kräutern
und Salz erhitzen. Die Pilze dazugeben und einmal aufkochen. Die Pilze von der
Kochstelle nehmen und etwa 30 Minuten zugedeckt ziehen lassen. Sie bleiben dabei
warm.

2. Den Spargel schälen und die holzigen Enden abschneiden. In einem Topf etwa
1½ l Wasser mit Zitronensaft, Zucker, Salz und dem Toastbrot (nimmt die Bitterstoffe
aus dem Spargel auf) zum Kochen bringen. Den Spargel dazugeben und je nach
Stärke der Stangen zugedeckt 12 bis 15 Minuten bei mittlerer Hitze leicht kochen
lassen.

3. Den Spargel mit einem Schaumlöffel aus dem Wasser heben, auf ein Tuch geben
und abtropfen lassen. Dann in etwa 4 cm lange Stücke schneiden und warm stellen.

4. Für die Kapernsauce die Schalotte schälen und würfeln. Die Crème double und
die Sahne in den Mixer geben. Die beiden Essigsorten, Schalottenwürfel, Senf, Salz,
Pfeffer, Weißwein und Zitronensaft zugeben. Alles gründlich mixen und in eine
Schüssel geben.

5. Die Tomaten kurz in kochend heißes Wasser geben, dann herausnehmen und
enthäuten. Die Tomaten vierteln, die Stielansätze entfernen und die Früchte ent-
kernen. Das Fruchtfleisch in kleine Würfel schneiden. Die Avocado halbieren, vom
Kern befreien, schälen und das Fruchtfleisch mit der Zitrone einreiben. Dann in kleine
Würfel schneiden. Die Kapern, bis auf einige zum Garnieren, ebenfalls klein schneiden.
Die Tomatenwürfel, die Avocadostücke und die geschnittenen Kapern unter die
Sauce rühren. Die Sauce abschmecken und eventuell mit etwas Zitronensaft nach-
würzen.

6. Die Pilze aus dem Sud nehmen und abtropfen lassen. Spargel und Pilze auf den
Tellern anrichten. Die Kapernsauce darüber geben, mit den ganzen Kapern garnieren.

Frank Buchholz: Mein Profi-Tipp

Mit Kapern verhält es sich wie mit Weinreben: Die
schönen kleinen schmecken am besten.

Ganz persönlich

Ehrlich gesagt bin ich nicht unbedingt ein großer
Kapernfan, aber bei dieser Sauce passen sie einfach
hervorragend.

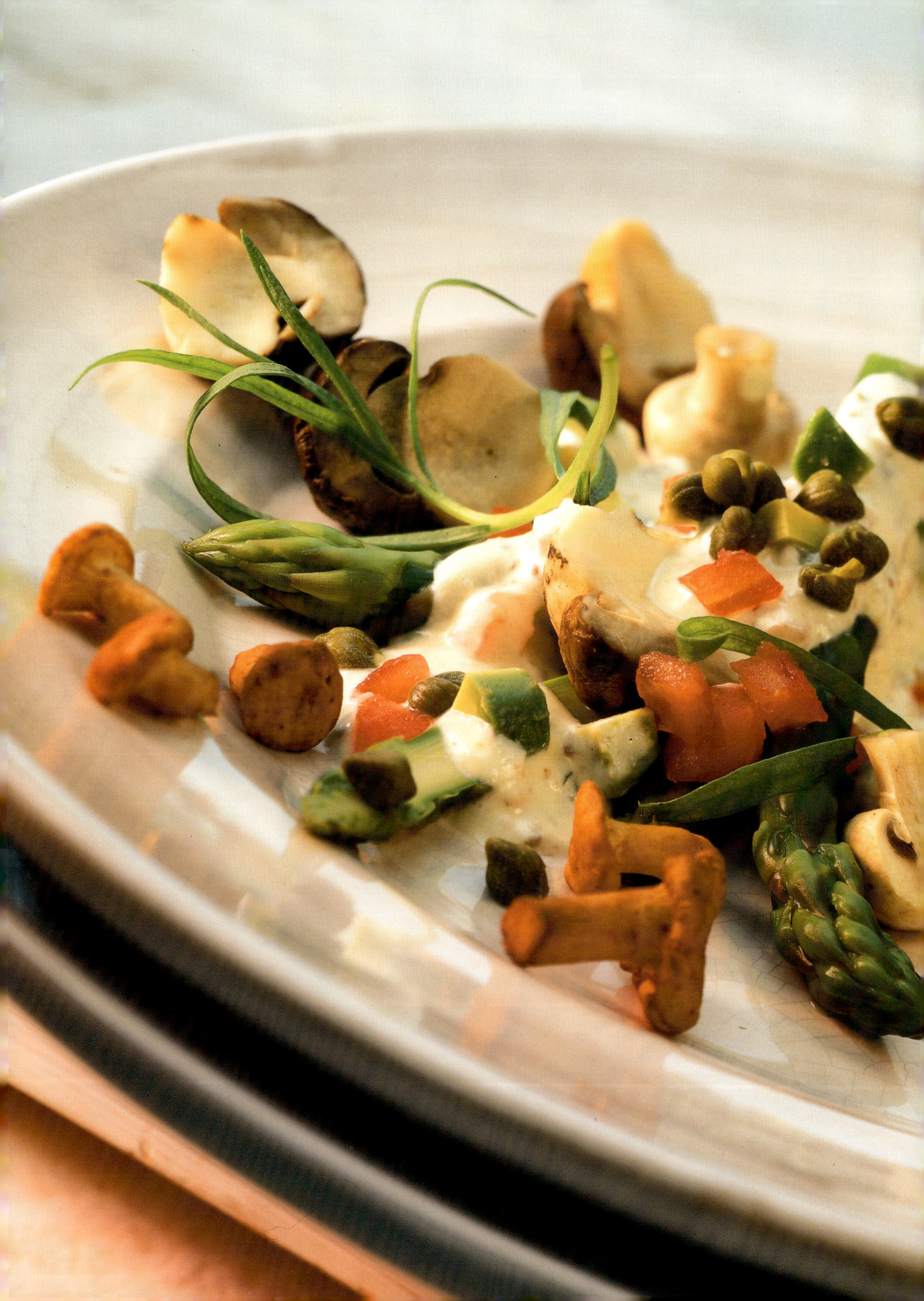

Pilze

Lauwarmer Nudelsalat mit marinierten Champignons

für 4 Personen

Zubereitungszeit:
ca. 1 1/4 Stunden
Gar- und Ruhezeit: ca. 1 Stunde

ZUTATEN:
500 g breite Bandnudeln
Salz

FÜR DAS DRESSING:
Saft von 1/2 Zitrone
Salz
weißer Pfeffer aus der Mühle
125 ml Olivenöl

FÜR DIE GARNITUR:
1 Hand voll Feldsalat

FÜR DIE CHAMPIGNONS:
180 g Champignons
1 Spritzer Rotweinessig
Salz
Pfeffer aus der Mühle
1 EL Olivenöl
10 Basilikumblätter

MENÜVORSCHLAG
Lauwarmer Nudelsalat mit marinierten Champignons
Fasanenbrust in weißer Pfeffersauce mit Apfelspalten
(S. 110)
Panna cotta mit Beerenragout
(S. 80)

GETRÄNKEEMPFEHLUNG
Dazu passt ein nicht zu kräftiger Weißburgunder, z.B. ein trockener 1998er Weißer Burgunder Kabinett vom Weingut Blankenhorn aus Schlingen (Baden)

1. In einem großen Topf reichlich Salzwasser zum Kochen bringen. Die Nudeln darin bissfest (al dente) kochen.

2. Inzwischen für das Dressing den Zitronensaft mit 3 Esslöffeln Wasser, Salz und Pfeffer verrühren. Das Olivenöl unterschlagen. Für die Garnitur den Feldsalat putzen, waschen und durch das Dressing ziehen.

3. Die Champignons putzen und mit einem feuchten Tuch abwischen. Die Pilze in feine Scheiben schneiden. Den Rotweinessig mit Salz und Pfeffer verrühren. Das Öl untermischen. Die Pilze vorsichtig mit der Marinade mischen.

4. Die fertig gegarten Nudeln durch ein Sieb abgießen und kurz mit kaltem Wasser überspülen. Abtropfen lassen. Die lauwarmem Nudeln mit dem Dressing mischen und gleichmäßig auf 4 Tellern verteilen.

5. Die Basilikumblätter waschen, trockentupfen und in feine Streifen schneiden. Die Champignons auf den Nudeln platzieren und mit dem Basilikum bestreuen. Den Feldsalat daneben anrichten.

Frank Buchholz: Mein Profi-Tipp

Sie sehen nicht nur appetitlich aus, sie haben auch das meiste Aroma: die „rosa Champignons".

Ganz persönlich

In Frankreich habe ich einmal eine Champignonzucht besichtigt und habe dort zum ersten Mal rosa Champignons gesehen und gekostet. Ich fand sie wirklich sehr aromatisch und finde es sehr bedauerlich, dass man in Deutschland noch nicht auf die Idee gekommen ist, rosa Champignons zu züchten.

Variation
Hausgemachte Nudeln

für 4 Personen

Zubereitungszeit:
ca. 1 ¼ Stunden
Gar- und Ruhezeit:
ca. 2 Stunden

ZUTATEN:
200 g Mehl
120 g Hartweizengrieß
1 Ei
3 Eigelb
90 ml Wasser
3 EL Öl
1 TL Salz

1. Aus allen Zutaten einen glatten Teig kneten. Abgedeckt etwa 1 Stunde ruhen lassen. Dann in 4 gleich große Stücke teilen und diese durch die Nudelmaschine drehen. Die Maschine auf die dünnste Stufe stellen und die Walze zum Nudelschneiden einlegen. Die Teigblätter nochmals durchdrehen. Die Nudelstreifen auf ein bemehltes Tuch legen und ca. 1 Stunde trocknen lassen.

2. Die Nudeln in reichlich kochendes Salzwasser geben, einmal aufkochen und etwa 20 Sekunden kochen lassen. Herausheben und kurz kalt abbrausen.

Kartoffeln

Die tolle Knolle hat eine bewegte Karriere hinter sich. Dass Kartoffeln heute zu den wichtigsten Nahrungsmitteln der Welt gehören, hat der Beginn ihrer Geschichte wohl kaum verheißen. Aus ihrer Heimat Südamerika nach Europa verschleppt, wegen ihrer hübschen Blüten zur Zierpflanze degradiert, dann, als ihre unterirdische Sprossverdickung zum Lebensmittel befördert wurde, vom Volk verschmäht. Die Iren waren es, die in der Kartoffel die Lösung gegen Hungersnöte sahen. Ein folgenschwerer Fehler, denn als 1845 die Kartoffelfäule ausbrach, litten die Iren schlimmer Hunger als jemals zuvor. Den Siegeszug der Kartoffel konnte jedoch nichts und niemand mehr aufhalten.

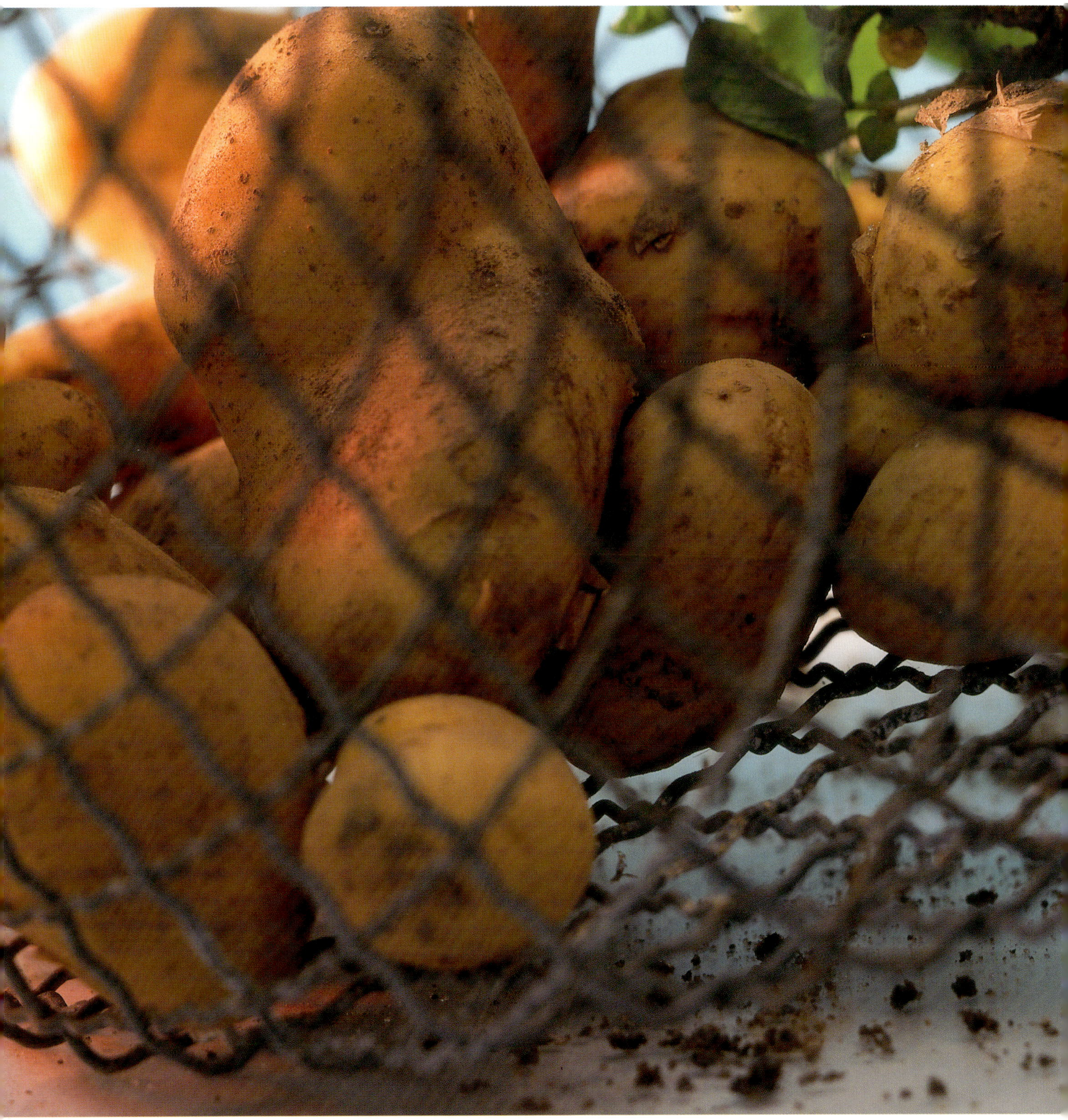

Warenkunde

Kartoffeln

Kartoffelsorten

Heute werden rund 200 Kartoffelsorten in vier verschiedenen Reifegruppen und zwei Eigenschaftsgruppen angeboten. In der Reife unterscheidet man sehr frühe bis frühe, mittelfrühe und mittelspäte bis sehr späte – das entspricht den Kartoffelernten von Ende Mai bis Mitte Oktober. Bei den Eigenschaften muss man sich zwischen fest kochend bis mehlig kochend entscheiden.

▪ Frühkartoffeln werden zum Teil unter Folie angebaut, so gibt es bereits Anfang Juni Frühkartoffeln deutscher Herkunft. Die ersten Frühkartoffeln sind eine besondere Delikatesse und mit ihrer feinen Haut zu schade zum Schälen. Am besten nur kräftig unter Wasser abbürsten.

Von den sehr frühen Kartoffeln eignen sich – trotz ihrer guten Speisequalität – nur wenige zur Einlagerung, denn Wasserverlust und Keimung lassen sie schnell altern und führen zu Qualitätsverlust.

▪ Mittelfrühe Kartoffeln werden im August geerntet und sind für die Einkellerung geeignet.

▪ Mittelspäte bis sehr späte Kartoffeln gibt es verhältnismäßig wenige. Auch sie sind für die Einkellerung geeignet. Am gängigsten ist Aula (rund, oval, mehlig kochend, kann auch fester sein).

Geschmack

Kartoffeln zählen zu unseren wichtigsten Grundnahrungsmitteln. Sie sind eher zurückhaltend im Eigengeschmack, aber sättigend und sehr gesund: viel Eiweiß, wenig Fett, viel Kohlenhydrate, Kalium, Magnesium, Mangan, Phosphor, Vitamin C und nur wenig Natrium und Nitrat. Lichteinwirkung führt allerdings zum Ergrünen der Kartoffel und zugleich zur Bildung von Glycoalkaloid, einer Art Gift. Deshalb sollten grüne oder angegrünte Knollen nicht mehr gegessen werden.

Passende Gewürze und Kräuter

Ein hervorragendes Gewürz zu Kartoffeln ist Muskatnuss, am besten natürlich frisch gerieben. Die Palette passender Kräuter reicht von Petersilie, Rosmarin und Majoran über Thymian und Schnittlauch bis hin zu Basilikum.

Einkaufstipps

Am besten, man kauft Kartoffeln direkt auf dem Bauernhof beim Erzeugermarkt. Darauf achten, dass die Kartoffeln keine Keime haben.

Aufbewahrung

Kartoffeln an einem trockenen und dunklen Raum lagern und vor allem in nicht geheizten Räumen, auch im Winter. Wer den Platz hat, sollte Kartoffeln nicht übereinander, sondern nebeneinander legen.

Zubereitungstipps

Fest kochende Sorten (für Kartoffelsalat, Salz- und Pellkartoffeln sowie Bratkartoffeln) springen beim Kochen nicht auf, sind fest, feinkörnig und feucht.
Vorwiegend fest kochende Sorten (für Salz-, Pell- und Bratkartoffeln) springen beim Kochen nur wenig auf, sind mäßig feucht und feinkörnig.
Mehlig kochende Sorten (für Kartoffelpüree, Reibekuchen, Kartoffelklöße, Knödel, Suppen und Eintopfgerichte) springen beim Kochen stärker auf, schmecken lockerer, sind trockener und grobkörniger.

Kartoffeln

Kartoffelchips mit Lachs und Rucola

für 4 Personen

Zubereitungszeit: ca. ½ Stunde

FÜR DIE KARTOFFELCHIPS:
2 möglichst große, fest
kochende Kartoffeln
Öl zum Frittieren
Salz

FÜR DIE SCHNITTLAUCHSAUCE:
125 g saure Sahne
125 g Joghurt
Salz
Pfeffer aus der Mühle
2 TL Zitronensaft
1 Bund Schnittlauch

FÜR DIE FÜLLUNG:
2 Bund Rucola
2–3 EL Vinaigrette
(Rezept S. 88)
150 g marinierter oder
geräucherter Lachs in dünnen
Scheiben

MENÜVORSCHLAG
Gazpacho (S. 18)
Kartoffelchips mit Lachs und
Rucola
Kirschtartes (S. 138)

GETRÄNKEEMPFEHLUNG
Dazu passt ein im Barrique
ausgebauter „New world
Chardonnay", z.B. ein 1997er
Chardonnay Jordan Winery,
Stellenbosch (Südafrika)

1. Die Kartoffeln schälen und mit dem Gemüsehobel der Länge nach in hauchdünne Scheiben schneiden.

2. Die Kartoffelscheiben für 15 Minuten in lauwarmes Wasser legen, dann auf einem Tuch oder in einer kleinen Salatschleuder vollkommen trocknen.

3. Für die Schnittlauchsauce die saure Sahne mit dem Joghurt verrühren und mit Salz, Pfeffer und Zitronensaft pikant würzen.

4. In einem hohen Topf oder in einer Fritteuse das Öl auf etwa 180 °C erhitzen (an einem in das Fett gehaltenen Holzstäbchen steigen Blasen auf). Die Kartoffelscheiben im heißen Öl goldgelb frittieren, auf Küchenpapier entfetten und leicht salzen.

5. Für die Füllung den Rucola putzen, waschen, von groben Stängeln befreien, gut trockenschleudern und im Balsamicodressing kurz marinieren. Den Schnittlauch für die Sauce waschen, trockenschütteln, in Röllchen schneiden und unter die Sahne-Joghurt-Sauce mischen.

6. Jeweils 3 bis 4 Kartoffelchips abwechselnd mit Lachs und Rucola wie eine Lasagne aufschichten und Lachs und Rucola dabei jeweils mit etwas Schnittlauchsauce überziehen.

7. Die Türmchen auf 4 Tellern anrichten und rasch servieren: Die Chips müssen unbedingt ganz knusprig und knackig auf den Tisch kommen.

Frank Buchholz: Mein Profi-Tipp

Statt Rucola passt auch Feldsalat oder Spinat zu den Kartoffelchips sehr gut.

Ganz persönlich

Das ist ein Gericht, das ich gern späten Gästen bei mir zu Hause bereite. Zum einen, weil ich die Zutaten problemlos frisch halten kann, und zum anderen, weil es ein angenehm leichtes und gut verdauliches Essen für die Abendstunden ist.

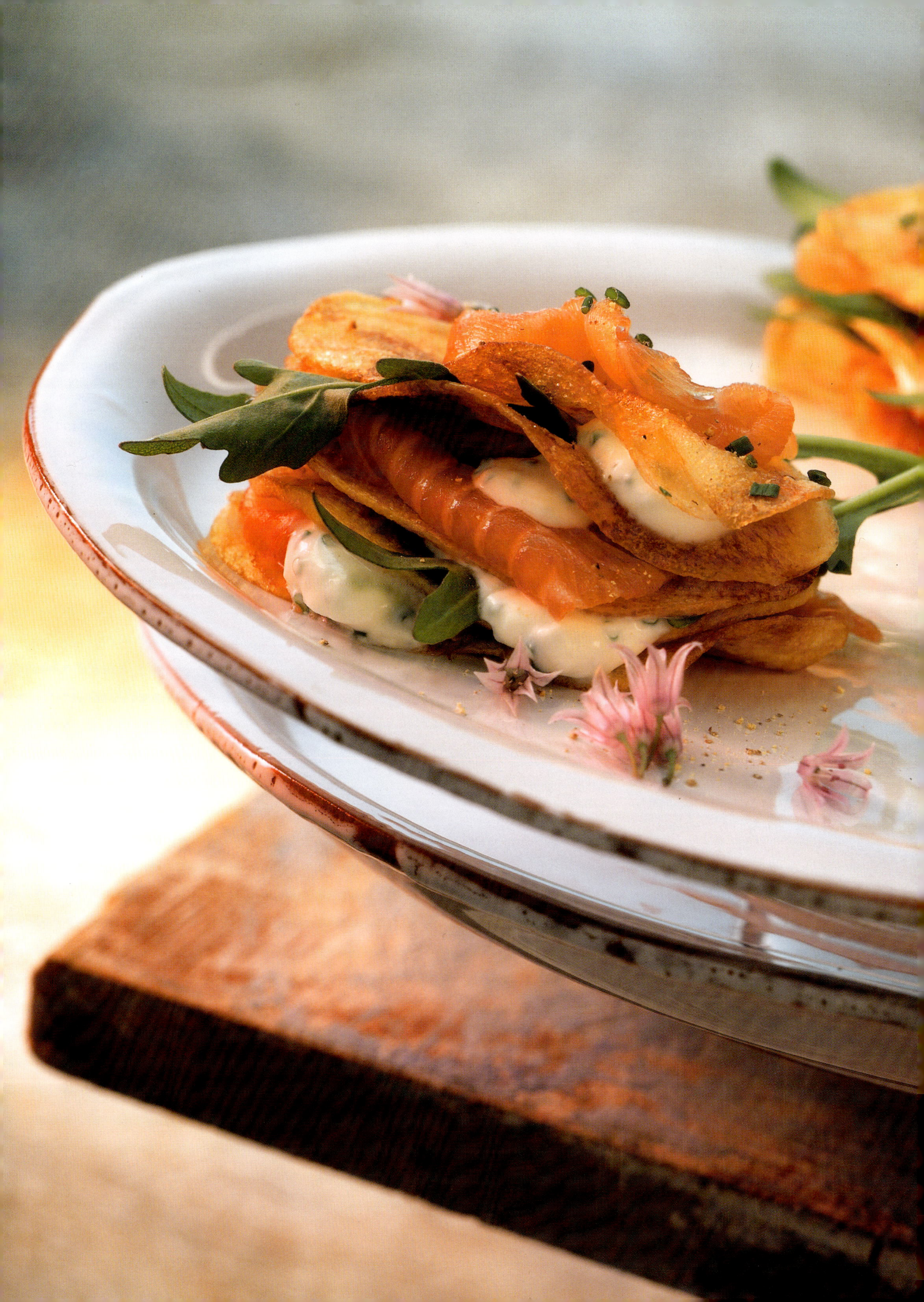

Kartoffeln

Kartoffelrösti mit Gemüsetatar

für 4 Personen

Zubereitungszeit: ca. ½ Stunde

FÜR DAS GEMÜSETATAR:
2 Karotten
1 Staudensellerie
5 Radieschen
5 Spargel
2 Lauchzwiebeln
2 Tomaten
Salz
Pfeffer aus der Mühle
3 EL kleine Kapern
250 ml Sauce tatar (Fertigprodukt)

FÜR DIE KARTOFFELRÖSTI:
500 g fest kochende Kartoffeln
1 TL Salz
Pfeffer aus der Mühle
geriebene Muskatnuss
Öl zum Braten

ZUM ANRICHTEN:
2 EL gehackte gemischte Kräuter (z.B. Schnittlauch, Kerbel, Basilikum und Estragon)

MENÜVORSCHLAG
Kartoffelrösti mit Gemüsetatar
Gebratene Geflügelleber mit Balsamicokirschen (S. 134)
Apfel-Brombeer-Streusel (S. 82)

GETRÄNKEEMPFEHLUNG
Dazu passt ein typischer Chardonnay aus dem Burgund, z.B. ein 1996er Rully Blanc aus Nuits St. Georges

1. Für das Gemüsetatar das Gemüse waschen, putzen, falls nötig schälen und in sehr kleine Würfel schneiden. Alles in eine Schüssel geben, mit Salz und Pfeffer würzen und die Kapern dazugeben.

2. Anschließend die Sauce tatar unter das Gemüse rühren, bis eine geschmeidige Masse entsteht. Das Ganze kühl stellen.

3. Zwischenzeitlich für die Kartoffelrösti die Kartoffeln waschen, schälen, grob raspeln und mit Salz, Pfeffer und etwas Muskat würzen.

4. Dann 2 Esslöffel Öl in einer großen beschichteten Pfanne erhitzen und mit einem Esslöffel portionsweise kleine Häufchen Kartoffelraspel in das heiße Fett setzen. Mit dem Löffelrücken flach drücken, sodass Plätzchen von etwa 7 cm Durchmesser entstehen. Auf beiden Seiten goldbraun und knusprig braten. Auf diese Weise portionsweise 12 dünne Rösti ausbraten.

5. Für jede Person jeweils 1 Rösti mit einer Schicht Gemüsetatar belegen, 1 Rösti darauf legen, wieder eine Schicht Tatar geben und mit 1 Rösti abschließen. Mit Kräutern bestreuen.

Frank Buchholz: Mein Profi-Tipp

Statt mit Gemüse kann man die Kartoffelrösti auch mit frischem Rindertatar zubereiten. Das passt als Vorspeise oder auch für den etwas kleineren Hunger am Abend.

Variation
Selbst gemachte Sauce tatar
für 4 Personen

1. Ei, Cornichons, Kapern und die Sardelle fein hacken. Den Schnittlauch waschen, trockenschütteln und in feine Röllchen schneiden.

2. Anschließend alles unter die Mayonnaise rühren und das Ganze mit Zitronensaft und Pfeffer nachwürzen. Zum Schluss die geschlagene Sahne locker unter die Sauce tatar ziehen.

Zubereitungszeit:
ca. 1/4 Stunde

ZUTATEN:
1 hart gekochtes Ei
8 kleine Cornichons
1 TL Kapern
1 Sardelle
1/2 Bund Schnittlauch
300 g Mayonnaise
1 TL Zitronensaft
Pfeffer aus der Mühle
1 EL geschlagene Sahne

Kartoffeln

Feldsalat mit Kartoffeldressing und Rotbarbenfilet
für 4 Personen

Zubereitungszeit: ca. ¾ Stunde

FÜR DEN FISCH UND DEN SALAT:
4 Rotbarben à 150 g, filetiert
Salz
Saft von ½ Zitrone
2 EL Räuchermehl (erhältlich im Anglergeschäft)
4 Champignonköpfe
100 g Feldsalat

FÜR DAS DRESSING:
150 g mehlig kochende Kartoffeln
2 EL Brühe
4 EL Sherryessig
4 EL Olivenöl
1 kleine Schalotte
Salz
Pfeffer aus der Mühle

FÜR DIE CROÛTONS:
20 g Butter
8 Scheiben Baguette (ca. 5 mm dick)

MENÜVORSCHLAG
Feldsalat mit Kartoffeldressing und Rotbarbenfilet
Lammrücken mit Oliven-Kräuter-Kruste (S. 42)
Millefeuille von Buttermilchmousse mit Kirschen (S. 136)

GETRÄNKEEMPFEHLUNG
Dazu passt ein etwas würziger und kräftiger Chardonnay, z.B. ein 1997er Chardonnay St. Hillaire aus Montagnac (Frankreich)

1. Für das Dressing die Kartoffeln schälen, kochen und durch eine Kartoffelpresse drücken. Brühe, Essig und Öl gut unterrühren. Die Schalotte schälen, fein schneiden und zugeben. Das Dressing mit Salz und Pfeffer abschmecken.

2. Die Rotbarbenfilets salzen und mit Zitronensaft beträufeln. Das Räuchermehl dünn auf den Boden eines Topfes mit Gittereinsatz (siehe Tipp unten) streuen.

3. Die Rotbarbenfilets auf das Gitter legen. Den Deckel schließen und den Topf auf die sehr heiße Herdplatte setzen, bis es raucht. Insgesamt beträgt die Räucherzeit 6 bis 8 Minuten.

4. Für die Croûtons die Weißbrotscheiben in kleine Würfel schneiden. Die Butter in einer Pfanne erhitzen und die Brotwürfel darin goldgelb braten.

5. Für den Salat die Champignonköpfe putzen und in feine Stifte schneiden. Den Feldsalat putzen, waschen und trockenschleudern.

6. Den Feldsalat putzen, waschen und trockenschleudern. Anschließend bündelweise an den Stängeln fassen und die Blätter durch das Dressing ziehen. Danach etwas abschütteln.

7. Den so angemachten Salat locker auf große, flache Teller verteilen. Die lauwarmen Rotbarbenfilets darauf anrichten, die Champignonstifte über den Salat streuen und die Croûtons dazu servieren.

Frank Buchholz: Mein Profi-Tipp

Zum Räuchern benötigt man eigentlich einen speziellen Räucherofen und Räuchermehl (in Geschäften für Angler-Zubehör zu finden). Aber es gibt auch eine hausgemachte Alternative: zwei Tassen in einen Topf stellen und darauf ein Gitter oder Sieb aus hitzebeständigem Material legen.

Variation
Rucolasalat mit Kartoffeldressing und Räucherlachs

für 4 Personen

Zubereitungszeit:
ca. 1/2 Stunde

FÜR DEN SALAT:
4 Steinpilzköpfe
100 g Rucola
150 g Räucherlachsfilet

FÜR DAS DRESSING:
siehe Rezept links

1. Das Dressing wie im Rezept links unter Punkt 1 zubereiten.

2. Die Steinpilzköpfe putzen und in feine Stifte schneiden. Den Rucolasalat putzen, waschen, trockenschleudern und bündelweise durch das Dressing ziehen.

3. Den Rucolasalat locker auf große flache Teller verteilen. Das geviertelte Räucherlachsfilet darauf anrichten und die Steinpilzstifte auf den Salat streuen.

Äpfel

Wahrscheinlich hat kein anderes Obst so oft Modell gestanden. Maler aller Epochen ließen sich inspirieren von der glänzenden Haut, den vollen Rundungen, den satten Farben – der Apfel fehlt auf kaum einem Stillleben. Die Beauty vom Baum fasziniert die Menschheit schon seit Adam und Eva. Was im Paradies noch verboten war, wurde von den Griechen und Römern geradezu verschlungen: Sie hielten die Früchte für ein Aphrodisiakum. Heute weiß man es besser: Beim Liebesleben spielen Äpfel allenfalls noch als Fruchtbarkeitssymbol eine Rolle, dafür stehen sie bei uns wegen ihres saftigen Geschmacks in der Beliebtheitsskala ganz oben.

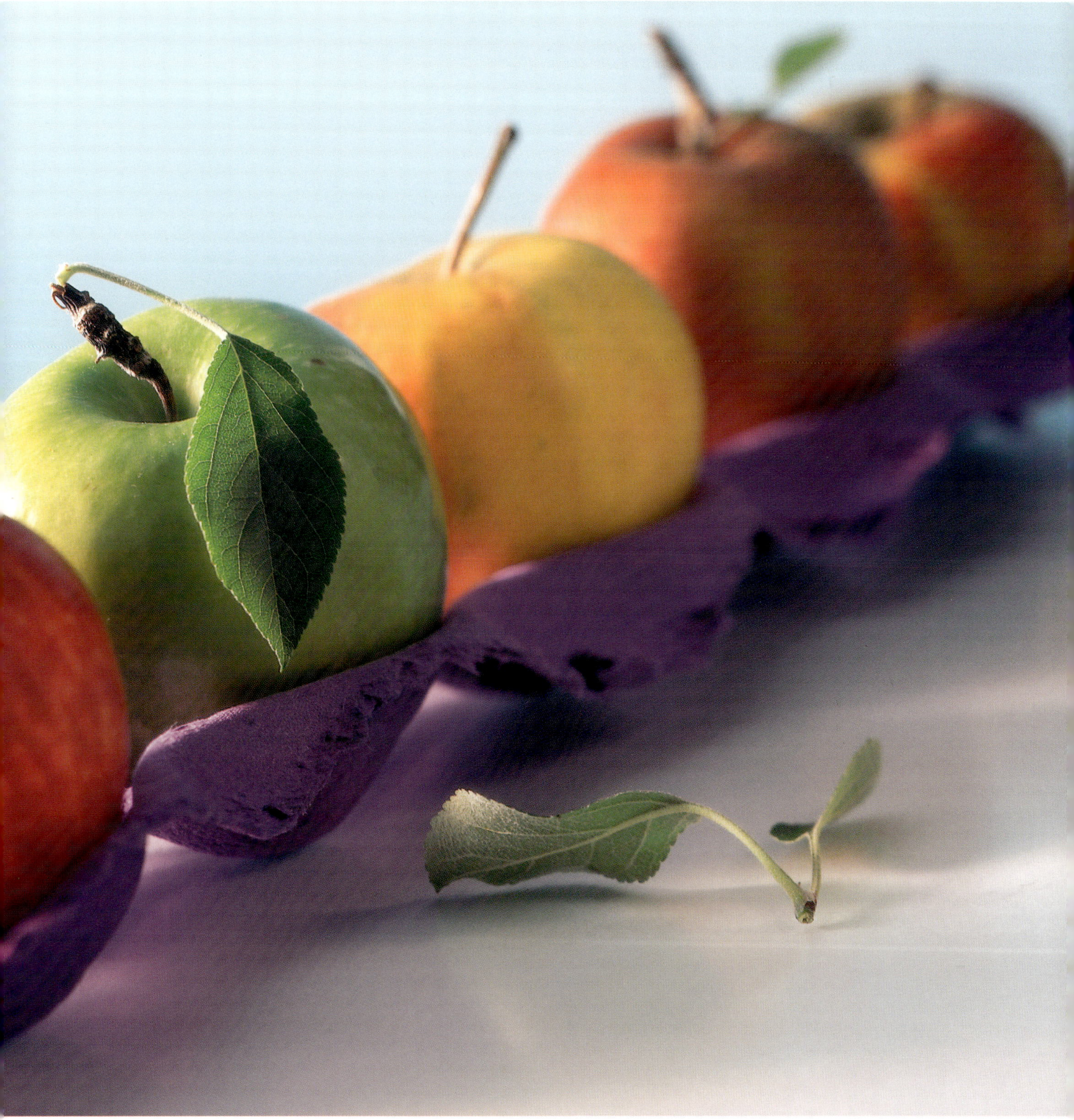

Warenkunde

Äpfel

Äpfel zählen zu den ältesten Früchten der Erde. Sie wachsen auf allen Kontinenten und sind übers ganze Jahr erhältlich. Apfelbäume lieben gemäßigte Klimazonen wie die unsere. Die deutschen Hauptanbaugebiete liegen in Baden-Württemberg, vor allem im Neckartal, im Bodenseegebiet, im Rheinland zwischen Bonn und Köln und im Niederelbe-Raum. Dort wachsen u. a. Cox' Orange, Boskop, Golden Delicious, James Grieve, Goldparmäne, Ingrid Marie und neue Sorten wie Braeburn, Royal Gala oder Fiesta.

Apfelsorten

Besonders beliebte Sorten:
Granny Smith: grasgrüne bis gelblich-grüne, sonnenseits teils marmorierte Schale. Hat ein grünlich-weißes festes und feinzelliges Fruchtfleisch mit feinsäuerlichem Geschmack. Er bleibt lange knackig frisch und eignet sich gut zur Vorratshaltung.
Roter Boskop: raue, matte Schale von verwaschen orange bis dunkelrot. Das Fruchtfleisch ist gelblich und saftig – je reifer der Apfel, desto mürber. Er schmeckt kräftig und fruchtig, herb säuerlich, erfrischend würzig.
Braeburn: rötlich changierende Schale. Sein weißliches, saftiges und knackiges Fruchtfleisch schmeckt erfrischend und süß mit einer fein säuerlichen Note.
Elstar: glatte, karminrote Schale. Das knackig saftige, weißlich-gelbe Fruchtfleisch schmeckt fein säuerlich, würzig und erfrischend. Eine holländische Kreuzung aus Golden Delicious und Ingrid Marie.
Golden Delicious: gelb bis goldgelb. Das Fruchtfleisch ist fest, knackig, saftig und schmeckt dank seiner feinen Fruchtsäure süß aromatisch, ein bisschen wässrig. Je gelber die Schale, desto süßer.
Cox' Orange: orange bis bräunlich rot geflammt bzw. marmoriert. Das grünliche bis gelbe Fruchtfleisch schmeckt aromatisch, sehr würzig. Eine feine Säure macht ihn süß-fruchtig. Je reifer der Apfel, desto mürber das Fruchtfleisch.

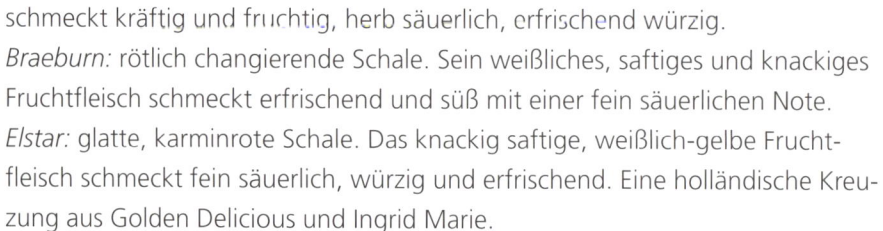

Geschmack

Die im Handel befindlichen Apfelsorten sind allesamt genussreif und schmecken süß bis säuerlich und fruchtig. Sie sind supergesund: viel Vitamine (A, B, C, E) und Mineralien (Kalium, Eisen und Phosphor), aber wenig Kalorien (100 g 55 kcal). Wer es gern säuerlich mag: Apfelessig sorgt für gesunde Haut und regt den Kreislauf an.

Einkaufstipps

Äpfel werden in drei Gruppen gegliedert: Tafeläpfel (allerbeste Qualität, überwiegen im Handel), Wirtschaftsäpfel (säurereiche Sorten, die sich nur zur Verarbeitung eignen, z. B. für Apfelmus, Apfelgelee oder Apfelkraut), Mostäpfel (meist „geschüttelt" geerntet, säurereiche und festfleischige Sorten für die Weiterverarbeitung zu Apfelsaft, Apfelwein und Apfelessig).

Aufbewahrung

Äpfel sind lange lagerfähig – allerdings nur unter idealen Bedingungen, die im Haushalt nicht einfach zu schaffen sind. Am besten jede Woche frisch einkaufen. Ansonsten gilt: Äpfel in einen Folienbeutel geben, verschließen, ein paar Löcher in den Beutel pieksen und kühl lagern, z. B. im Gemüsefach des Kühlschranks. Bei nicht ausreichend kühler Lagerung droht Vitamin-C-Verlust.

Zubereitungstipps

Äpfel gründlich waschen. Dann einfach abbeißen (samt Schale und Kerngehäuse verputzen) oder halbieren, das Kerngehäuse entfernen und die Äpfel in Spalten schneiden. Wenn diese nicht sofort gegessen oder weiterverarbeitet werden, mit Zitronensaft beträufeln, damit sie sich in der Luft nicht braun verfärben.

Äpfel

Fasanenbrust in weißer Pfeffercreme mit Apfelspalten

für 4 Personen

Zubereitungszeit:
ca. ¾ Stunde
Garzeit: ca. ½ Stunde

ZUTATEN:
3 EL Butter
4 ausgelöste und enthäutete
Fasanenbrüste
Salz
Pfeffer aus der Mühle
gemahlener Wacholder
400 ml Weißwein
2 Äpfel, geschält, entkernt
und in Scheiben geschnitten

FÜR DIE PFEFFERCREME:
4 EL Olivenöl
25 weiße Pfefferkörner
Parüren und Knochen vom Fasan
(Fleischer)
1 kleine Zwiebel
1 Stück Staudensellerie
25 g fetter Speck
5 Wacholderbeeren
Salz
2 EL Cognac
400 ml Wildfond
125 g Sahne
20 g Butter

MENÜVORSCHLAG
Kartoffelchips mit Lachs und
Rucola (S. 100)
Fasanenbrust in weißer Pfeffer-
creme mit Apfelspalten
Honigkaramell mit Ziegen-
frischkäse und Himbeeren
(S. 78)

GETRÄNKEEMPFEHLUNG
Dazu passt ein kräftiger im
Barrique ausgebauter Sauvignon
blanc, z.B. ein 1989er Château
Couhins-Lurton, Cru Classé aus
Pessac-Léoguan (Bordeaux)

1. Den Backofen auf 200 °C vorheizen. Die Butter in einer großen, ofenfesten Pfanne erhitzen. Die Fasanenbrüstchen mit Salz, Pfeffer und dem Wacholder würzen, von beiden Seiten kurz anbraten. Dann im Ofen etwa 3 Minuten garen. Herausnehmen und die Temperatur auf 100 °C zurückschalten.

2. Für die Pfeffercreme das Olivenöl in einem ofenfesten Topf (etwa 25 cm Ø) stark erhitzen und die Pfefferkörner darin 2 Minuten kräftig anrösten. Die Parüren und Knochen zugeben und kurz mitrösten.

3. Das Gemüse putzen bzw. schälen und grob würfeln, ebenso den Speck. Gemüse, Speck sowie die Wacholderbeeren beigeben, alles leicht salzen und im Backofen noch 10 Minuten bräunen.

4. Das überschüssige Fett abgießen und den Topf auf die Herdplatte zurückstellen. Mit Cognac ablöschen, den Fond zugeben und auf die Hälfte reduzieren. Mit der Sahne auffüllen und etwa 35 Minuten köcheln lassen. Die Sauce durch ein Haarsieb passieren und mit der Butter im Mixer aufschlagen. Salzen.

5. Nun die Apfelringe kurz im Weißwein dünsten, bis sie weich werden. Die Fasanenbrüstchen auf vorgewärmten Tellern anrichten und mit der Sauce überziehen. Die Apfelringe dazugeben. Dazu passen Nudeln sehr gut.

Frank Buchholz: Mein Profi-Tipp

Gefrorenen Fasan sollte man vorsichtig auftauen, er neigt sonst zu hohem Saftverlust.

Ganz persönlich

Fasan kann nicht ganz ungefährlich sein: Einer hat mich einmal eine Zahnfüllung gekostet. Das Fleisch sah eigentlich sehr delikat aus, doch als ich reinbiss: knallhart. Es steckte tatsächlich noch eine Schrotkugel drin. Und die killte nachträglich eine meiner Plomben. Deshalb ein Tipp aus schmerzlicher Erfahrung: Bei der Zubereitung des Fleisches den Fasan auf Schrot untersuchen.

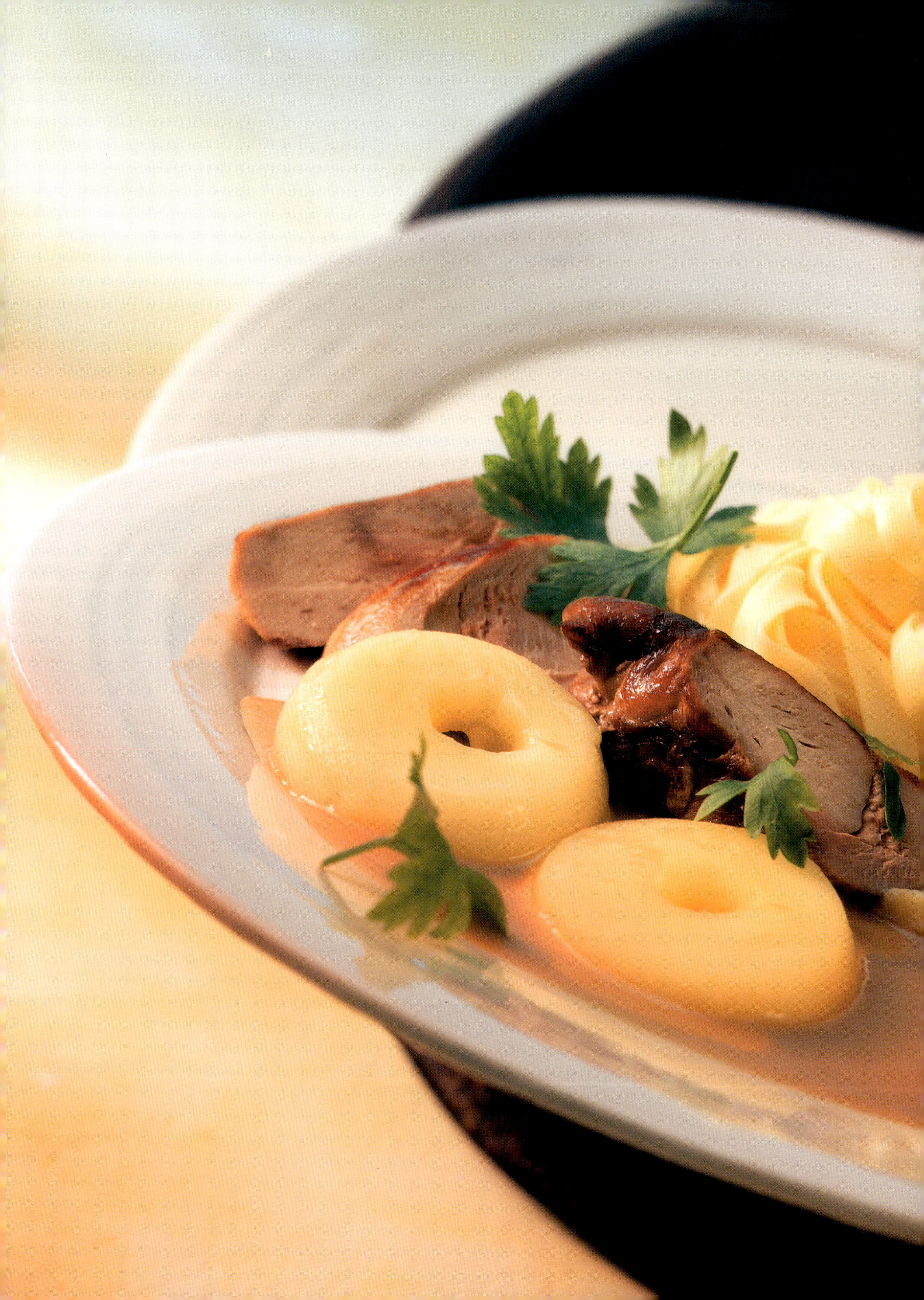

Äpfel

Apfelschmarren mit frischen Walnüssen
für 4 Personen

Zubereitungszeit: ca. ½ Stunde

ZUTATEN:
60 g Mehl
Salz
1 TL Rum
Schale von 1 Zitrone
200 ml Milch
6 Eigelb
6 Eiweiß
60–80 g Butter
2 große säuerliche Äpfel
20 g Butter
2 TL Zucker
40 g abgezogene frische Walnüsse
Puderzucker zum Bestäuben

MENÜVORSCHLAG
Spargelcremesuppe (S. 32)
Apfelschmarren mit frischen Walnüssen

GETRÄNKEEMPFEHLUNG
Dazu passt eine kräftige Riesling Auslese mit zarten Apfelnoten, z.B. eine 1996er Riesling Auslese Monzinger Halenberg vom Weingut Emrich-Schönleber aus Monzingen (Nahe)

1. Den Backofen auf 250 °C vorheizen. Mehl, Salz, Rum und Zitronenschale in eine Schüssel geben. Unter Rühren die Milch und die Eigelbe untermischen. Eiweiß zu steifem Schnee schlagen und locker unterziehen.

2. In einer ofenfesten Pfanne 20 g der geklärten Butter erhitzen. Den Teig hineingießen und im heißen Backofen backen, bis er oben trocken wird.

3. Den Eierkuchen wenden. Erneut 20 g geklärte Butter zugeben und unter den Eierkuchen laufen lassen. Dann auch die zweite Seite goldbraun backen.

4. Inzwischen die Äpfel schälen, vierteln, vom Kernhaus befreien und in 1 cm dicke Scheiben schneiden.

5. Butter klären. Dazu die Butter erhitzen, die obere Schaumschicht abschöpfen und die mittlere reine Fettschicht vorsichtig umgießen. Diese Schicht weiter verwenden.

6. Die geklärte Butter und Zucker in einer beschichteten Pfanne goldgelb werden lassen. Die Äpfel und Walnüsse hinzugeben und bei mittlerer Hitze karamellisieren lassen.

7. Den Eierkuchen mit 2 Gabeln in Stücke zerreißen, die restliche geklärte Butter hinzugeben, alles mit Puderzucker bestäuben und leicht karamellisieren lassen.

Frank Buchholz: Mein Profi-Tipp
Am besten eignet sich dafür die Apfelsorte Roter Boskop mit ihrem herb-würzigen Aroma.

Ganz persönlich
In meinem Garten steht ein riesiger Apfelbaum, Marke Roter Boskop. Der bringt uns Jahr für Jahr eine reiche Ernte ein und sorgt so dafür, dass ich mir immer wieder eine neue Kreation mit Äpfeln einfallen lasse. Nur wenn meine Mutter zu Besuch kommt, dann muss immer alles beim Alten bleiben. Ihr Lieblingsgericht ist der Apfelschmarren, den und nur den wünscht sie sich jedes Mal wieder.

Variation
Birnenschmarren

für 4 Personen

Zubereitungszeit:
ca. 1/2 Stunde

ZUTATEN:
siehe Rezept links, jedoch anstatt der Äpfel 3 große, säuerliche Birnen und anstatt der Walnüsse 40 g Pinienkerne verwenden

1. Den Eierkuchen wie im Rezept links unter Punkt 1 bis 3 beschrieben zubereiten.

2. Inzwischen die Birnen schälen, vom Kerngehäuse befreien und in 1 cm dicke Streifen schneiden. Die Pinienkerne in einer Pfanne ohne Fett anrösten.

3. Geklärte Butter (siehe Rezept links) und Zucker in einer Pfanne goldgelb werden lassen. Birnen und Pinienkerne hinzugeben und alles karamellisieren lassen.

4. Den Eierkuchen mit einer Gabel in Stücke zerreißen, die restliche geklärte Butter hinzugeben. Alles mit Puderzucker bestäuben und leicht karamellisieren lassen.

Äpfel

Crème brûlée mit Apfelragout
für 4 Personen

Zubereitungszeit: ca. 3/4 Stunde
Garzeit: 2–4 Stunden

FÜR DIE CREME:
2 Vanilleschoten
10 Eigelb
375 ml Milch
750 g Sahne
120 g Zucker
3 EL brauner Zucker

FÜR DAS APFELRAGOUT:
1 kg Äpfel
150 g Zucker
475 ml Apfelsaft
etwas Grand Marnier

MENÜVORSCHLAG
Toskanische Focaccia mit Mozzarella und gebratenen Tomaten (S. 20)
Pfifferlingtatar mit Artischocken und Spargel (S. 28)
Crème brûlée mit Apfelragout

GETRÄNKEEMPFEHLUNG
Dazu passt ein Banyuls, der nach Schokolade und Karamell schmeckt, z.B. ein 1983er Banyuls Grand Cru vom Domaine & Château du Roussillon (Frankreich)

1. Die Vanilleschoten aufschlitzen und das Mark herauskratzen. Die Eigelbe mit dem Vanillemark kräftig verrühren, aber nicht schaumig schlagen. Anschließend Milch, Sahne und Zucker unterrühren.

2. Das Ganze vorsichtig durch ein Sieb passieren (wegen der Hagelschnüre vom Ei und groben Vanilleresten). Keinen Schaum bilden lassen.

3. Die Masse in 4 ofenfeste Förmchen verteilen und im Wasserbad bei 130 bis 150 °C 2 bis 4 Stunden pochieren.

4. Die Creme vor dem Servieren mit braunem Zucker bestreuen und kurz unter den Backofengrill stellen.

5. Für das Apfelragout die Äpfel waschen, schälen, entkernen und in kleine Würfel schneiden. Mit dem Zucker in einem Topf unter Rühren leicht karamellisieren, aber nicht zu dunkel werden lassen.

6. Nun das Ganze mit dem Apfelsaft und etwas Grand Marnier aufgießen und köcheln lassen, bis sich der Karamell aufgelöst hat.

7. Das Apfelragout abkühlen lassen und zur Crème brûlée servieren.

Frank Buchholz: Mein Profi-Tipp
Die Creme am besten schon am Vortag zubereiten und über Nacht in den Kühlschrank stellen, so kann sie noch etwas durchziehen.

Ganz persönlich
Man kann Crème brûlée auch mit Zucker bestreuen und dann 10 bis 15 Minuten im Ofen überbacken. Das Ganze hat einen Haken: Der Zucker soll zwar schön karamellisieren, aber die Crème dabei möglichst kalt bleiben. Nach ein paar lauwarmen Versuchen kam mir die Idee, dass es vielleicht mit einem Bunsenbrenner besser klappen könnte. Flugs habe ich mir im Baumarkt so ein Ding besorgt. Siehe da, es funktionierte nicht nur prächtig, sondern auch noch superschnell.

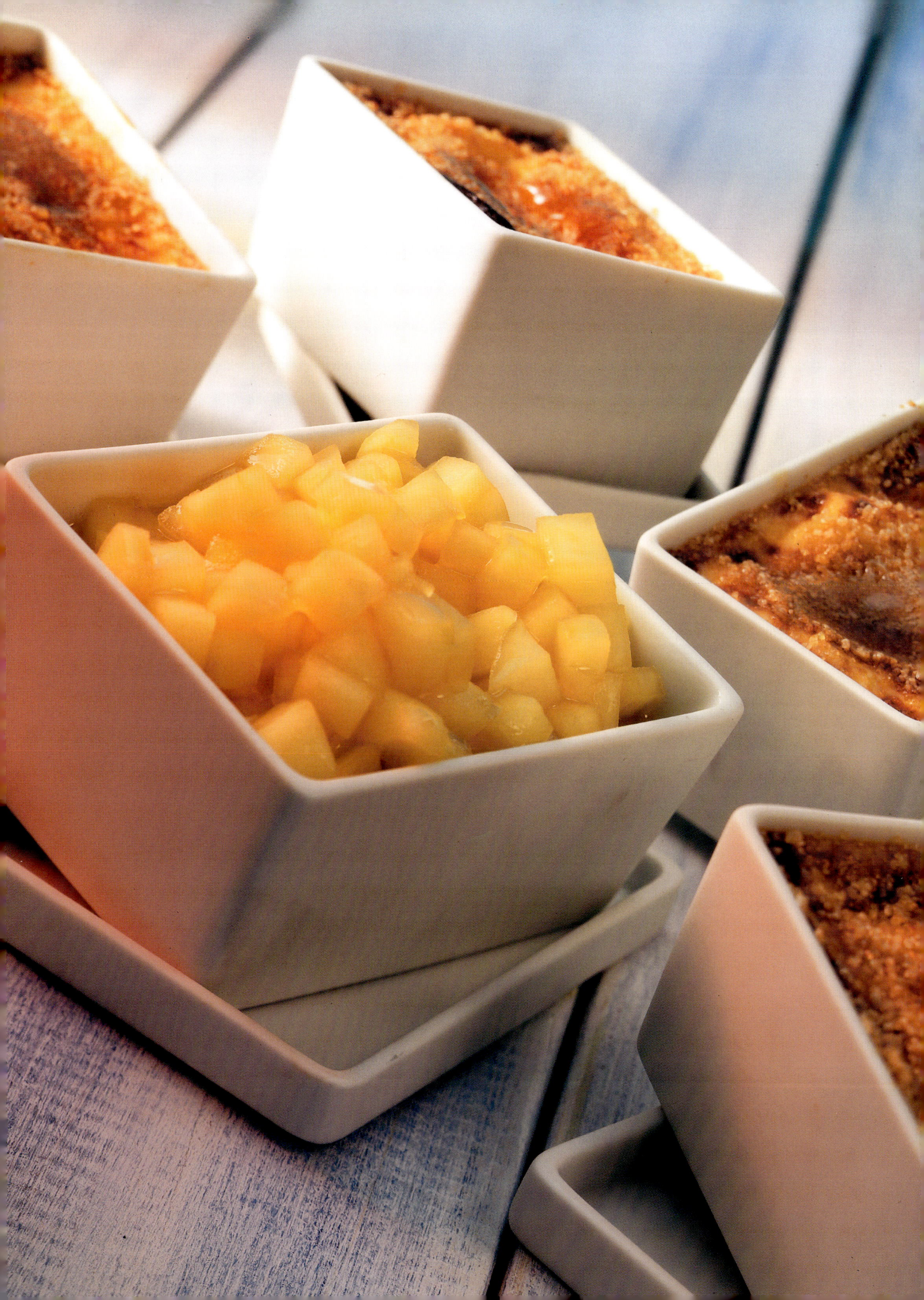

Äpfel

Scheiterhaufen

für 4 Personen

Zubereitungszeit: ca. 1/2 Stunde
Garzeit: ca. 3/4 Stunde

ZUM EINSCHICHTEN:
Butter zum Einfetten
Zucker zum Ausstreuen
500 g säuerliche Äpfel
(z.B. Boskop)
80 g Sultaninen
2 EL Rum
300 g Brioche (alternativ
Weißbrot)
Puderzucker zum Bestäuben

FÜR DIE CRÈME ROYAL:
1/4 l Milch
225 g Sahne
6 Eier
100 g Zucker
2 Vanilleschoten

MENÜVORSCHLAG
Thunfischcarpaccio mit Grill-
tomaten (S. 22)
Spargel-Morchel-Ragout (S. 30)
Scheiterhaufen

GETRÄNKEEMPFEHLUNG
Dazu passt ein leicht würziger
Muscadet mit Orangennoten,
z.B. ein Muscadet de beaume
De Venise (Rhône)

1. Eine große ofenfeste Form mit Butter einfetten und mit Zucker ausstreuen. Den Backofen auf 225 °C vorheizen.

2. Die Äpfel schälen, vierteln, vom Kernhaus befreien und in feine Scheiben schneiden. Die Sultaninen in einem Sieb unter heißem Wasser waschen, sehr gut trockenreiben und mit dem Rum unter die Äpfel mischen.

3. Die Brioches in etwa 1 cm dicke Scheiben schneiden. Mit der Hälfte davon die Form auslegen, die Apfel-Sultaninen-Mischung darauf verteilen und mit den übrigen Briochescheiben abschließen.

4. Für die Crème royal Milch, Sahne, Eier und Zucker gründlich verschlagen und durch ein Sieb passieren. Die Vanilleschoten aufschlitzen, das Mark auskratzen und unterrühren.

5. Die Crème über die Briochescheiben in die Form gießen und diese auf die untere Schiene des Backofens schieben.

6. Nach 15 Minuten die Temperatur auf 180 °C herunterschalten und den Scheiterhaufen weitere 30 Minuten backen. Sollte die Oberfläche dabei zu schnell bräunen, einen Bogen Alufolie darüber decken.

7. Den Scheiterhaufen mit Puderzucker bestäuben und noch warm servieren.

Frank Buchholz: Mein Profi-Tipp
Statt Boskop passen auch Granny Smith oder Elstar. Auch sie sind fein säuerlich.

Ganz persönlich
Beim Scheiterhaufen bin ich schon früh auf den Geschmack gekommen: mit acht Jahren. Damals machte ihn mir meine Tante Erna. Noch heute ist er meine Lieblingssüßspeise – lecker und voller Erinnerungen an die Kindheit.

Variation
Scheiterhaufen mit Kirschen

für 4 Personen

1. Wie in Punkt 1 bis 4 des Rezepts auf der linken Seite vorgehen. Anstatt der Äpfel und Sultaninen Kirschen und Zimt einschichten.

2. Die Crème royal wie links beschrieben zubereiten und über den Scheiterhaufen geben. Den Auflauf wie beschrieben backen.

ZUM EINSCHICHTEN:
Butter zum Einfetten
Zucker zum Ausstreuen
Puderzucker zum Bestäuben
550 g säuerliche Kirschen
(z.B. Schattenmorellen)
Zimt
2 EL Rum
300 g Brioche (alternativ Weißbrot)
Puderzucker zum Bestäuben
FÜR DIE CRÈME ROYAL:
siehe Rezept linke Seite

Kohl

Kohl umweht nicht nur das typisch kräftige Aroma, sondern auch ein bittersüßer Hauch von Romantik. Denn der Ur-Kohl ist ein sagenumwobenes Gemüse. Es war einmal ein thrakischer Königssohn, der hat sich mit Zeus angelegt – und dabei naturgemäß den Kürzeren gezogen. Der Göttervater bestrafte ihn grausam: Er ließ ihn blenden und vierteilen. Die Tränen, die der Prinz dabei weinte, fielen zu Boden, und es wuchsen daraus die ersten Kohlpflanzen. Und wenn sie nicht verkümmert sind, dann gedeihen sie noch heute prächtig und entwickeln vielleicht noch mehr Verwandte. Blumenkohl, Rosenkohl, Rotkohl, Spitzkohl, Wirsing, Brokkoli – um nur einige zu nennen – gehören bereits zu ihren Nachkommen.

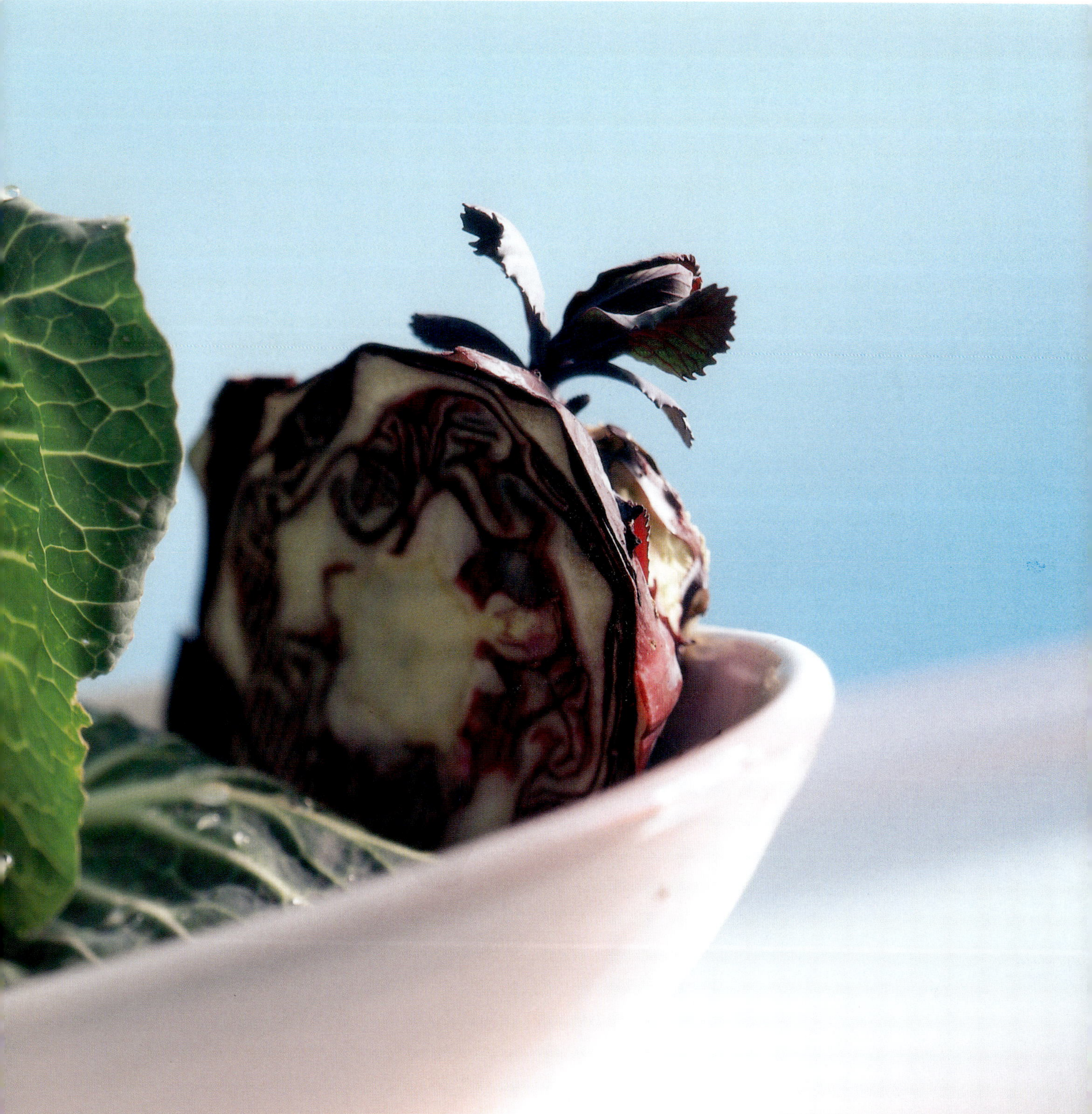

Warenkunde

Kohl

Blumenkohl

Man isst hier nicht das Grüne drumherum, sondern die Kohlblume selbst. Hellgrüne und violette Sorten gibt es inzwischen auch bei uns, z. B. den hellgrünen Romanesco mit seinen minarettartigen Röschen.

Einkaufs- und Zubereitungstipps

Ganzjährig als Import, von Mai bis Oktober aus heimischem Freilandanbau. Der Blumenkohlkopf sollte pralle Blumen mit einer gleichmäßigen Wölbung haben und fest, aber nicht hart sein. Auf grüne Blätter achten.
Zitronensaft ins Kochwasser geben, dann bleibt der Blumenkohl weiß. Nicht in Aluminiumtöpfen garen, darin färbt er sich grau. Die zarten, enganliegenden grünen Blättchen können mitverwendet werden.

Rotkohl

Auch Rotkraut, Roter Kappes oder Rotkabis genannt. Die dicht aufeinander liegenden Blätter des runden bis ovalen Kopfes sind leicht wächsern.

Rotkohl lässt sich ganz einfach verarbeiten: Den Rotkohlkopf vierteln, den Strunk entfernen und die Kohlblätter in dünne Streifen schneiden.

Einkaufs- und Zubereitungstipps

Das ganze Jahr über im Angebot. Die Köpfe sind zwischen 500 g und 2 kg schwer und sollten geschlossen und ohne braune Flecken oder Risse sein.
Hüllblätter entfernen. Sie sind hart und speichern Umweltschadstoffe.
In Margarine angedünstet entwickelt Rotkohl relativ neutralen Geschmack, in Butterschmalz einen feineren und in Gänseschmalz einen intensiveren. Zitronensaft oder Essig geben ihm Säure, und Honig, Zucker, Johannisbeer- oder Erdbeerkonfitüre runden ihn lieblich ab.

Wirsing

Auch Welsch- oder Savoyerkohl genannt. Er kommt als Früh- und Herbst- bzw. Winterwirsing auf den Markt. Anders als der kräftige Winterkohl ist Sommerwirsing ein zartes Feingemüse.

Einkaufs- und Zubereitungstipps

Wirsingkohl wird ganzjährig angeboten. Beim Herbst-/Winterwirsing sollten die Blätter knackig sein und der Strunk eine saftige Schnittstelle haben.
Welke Blätter entfernen, anschließend waschen. Diese feine Kohlsorte darf nicht, wie früher üblich, gekocht werden, sondern maximal 10–12 Minuten (in Viertel geschnitten) bzw. 5 bis 8 Minuten (streifig geschnitten) gegart werden.

Rosenkohl

Ein relativ junges Gemüse (19. Jahrhundert), das ursprünglich aus Belgien stammt, daher auch sein Zweitname: Brüsseler Sprossen. Die Mini-Kohlköpfe wachsen an einem bis zu einem Meter hohen Rosenkohlstrunk und erreichen einen Durchmesser von rund 4 cm. Rosenkohl ist ein typisches Herbst- und Wintergemüse und sollte schon etwas Kälte verspürt haben. Leichter Frost macht durch die Umwandlung von Stärke in Zucker das Aroma noch nussartiger.

Einkaufs- und Zubereitungstipps

Rosenkohlröschen sollten fest sein und hell- oder dunkelgrüne Hüllblätter haben. Gelbliche Blätter sind ein Zeichen von Überlagerung. Sofern die Ware nicht bereits geputzt angeboten wird, muss man mit einem Fünftel Abfall rechnen. Von jedem einzelnen Röschen den Strunk und die äußeren angewelkten Blätter entfernen, waschen und abtropfen lassen.
Eine Prise Zucker macht Rosenkohl lieblicher, ein Spritzer Zitronensaft oder ein Schuss Weißwein frischt ihn auf.
Tipp: Alle Rosenkohlblätter von den Röschen trennen, in zerlassener Butter schwenken, dann zugedeckt etwa 3 bis 4 Minuten dünsten. Rosenkohl wird gleichmäßig gar, wenn man den Strunk unten kreuzweise einritzt.

Kohl

Blumenkohlröschen mit Karotten und gebratenen Garnelen
für 4 Personen

Zubereitungszeit: ca. 1 Stunde

ZUTATEN:
1 Blumenkohl, 4 Karotten
1 TL Salz
40 g Friséesalat
30 g kleinblättriger Feldsalat
1 EL abgezupfte Kerbelblätter

FÜR DIE VINAIGRETTE:
1 EL Honig, 1 EL Zucker
1 TL Zitronensaft
20 ml Karottensaft, 40 ml Öl

FÜR DIE GARNELEN:
2 EL kalt gepresstes Olivenöl
30 g Butter
8 Wildwassergarnelen
1/2 TL fein gehackter Estragon

MENÜVORSCHLAG
Blumenkohlröschen mit Karotten und gebratenen Garnelen
Lasagne vom Lachs (S. 66)
Millefeuille von Buttermilchmousse mit Kirschen (S. 136)

GETRÄNKEEMPFEHLUNG
Dazu passt ein nicht zu säurehaltiger Wein mit Birnen- und Holunderduft, z.B. eine trockene 1997er Silvaner Spätlese vom Weingut Siegrist aus Leinsweiler (Pfalz)

1. Den Blumenkohl putzen, waschen und in kleine Röschen zerteilen. Karotten schälen und beides in kochendem Salzwasser bissfest kochen. In ein Sieb abgießen und abtropfen lassen.

2. Für die Vinaigrette Honig, Zucker und Salz mit einem kleinen Schneebesen verrühren. Nach und nach Zitronensaft, Karottensaft und Öl zugießen und alles zu einer cremigen Sauce verquirlen. Das gut abgetropfte Gemüse mit der Vinaigrette vermischen und mindestens 15 Minuten ziehen lassen.

3. Inzwischen den Frisée- und Feldsalat putzen, gründlich waschen und in einer Salatschleuder trockenschleudern.

4. Die Garnelen schälen und den Darm entfernen (siehe unten). Olivenöl und Butter in einer Pfanne erhitzen und die Garnelen wenige Minuten darin braten, salzen, mit dem Estragon bestreuen und kurz durchschwenken.

5. Frisée- und Feldsalat auf 4 Tellern anrichten. Den Gemüsesalat darüber verteilen, die gebratenen Garnelen darauf setzen und mit der Karottenvinaigrette beträufeln. Das Ganze mit Kerbel bestreuen.

Frank Buchholz: Mein Profi-Tipp
Die Marinade am besten schon einen Tag vorher zubereiten und den Blumenkohl über Nacht durchziehen lassen.

Garnelen schälen: Den Panzer an der Unterseite der Garnelen mit den Fingern aufbrechen und ablösen. Die Garnele am Rücken einschneiden, sodass der Darm sichtbar ist. Diesen entfernen.

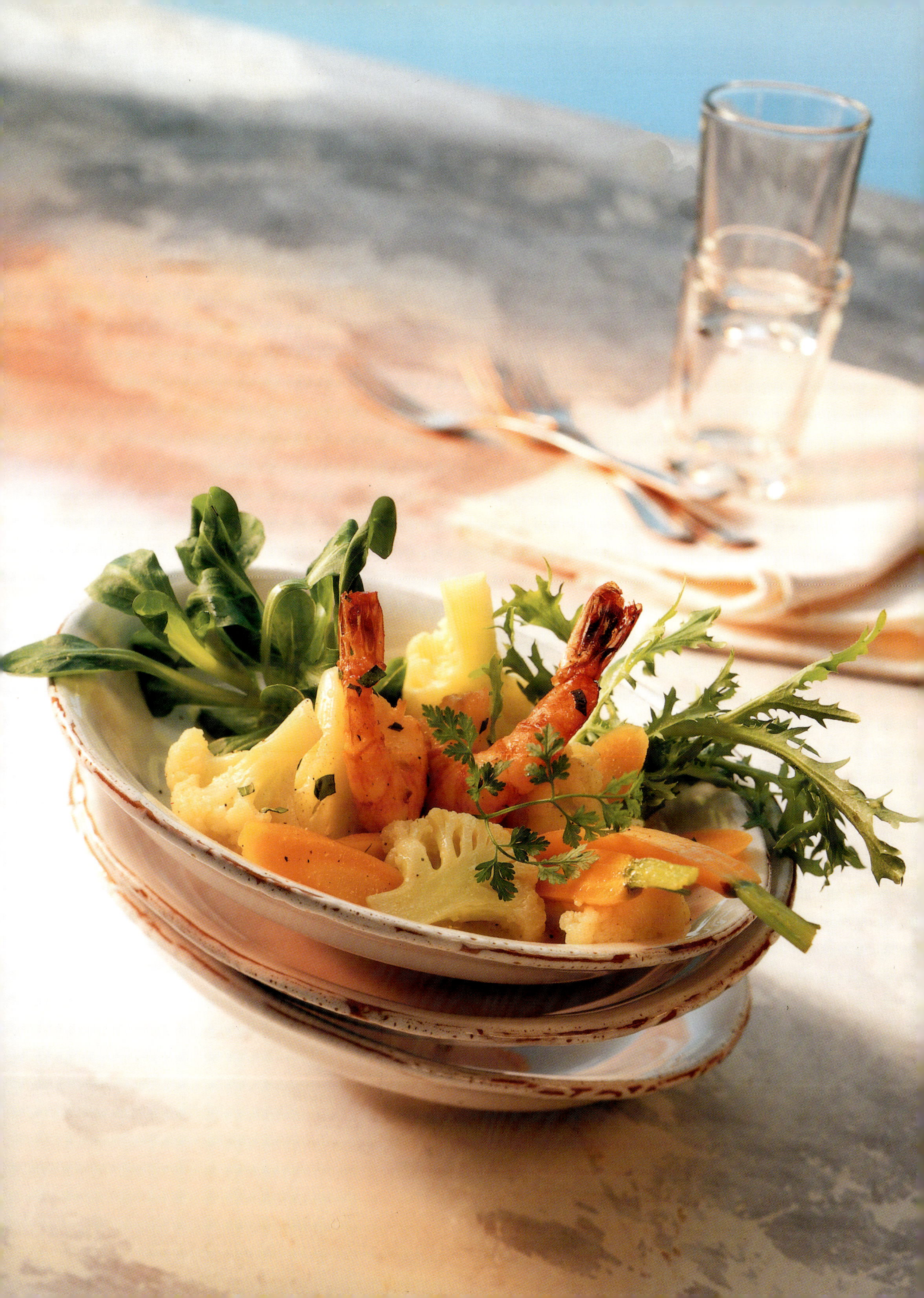

Kohl

Rosa gebratene Entenbrust mit glasiertem Rosenkohl
für 4 Personen

Zubereitungszeit:
ca. 1/2 Stunde

FÜR DIE ENTENBRÜSTE:
4 ausgelöste Barberie-Entenbrüste
3 EL Öl
Salz
Pfeffer aus der Mühle
abgeriebene Schale von
1 Zitrone
80 ml Sojasauce

FÜR DEN ROSENKOHL:
500 g Rosenkohl
40 g Butter
1 EL Puderzucker
1 Spritzer Zitronensaft
2 EL Portwein

MENÜVORSCHLAG
Petersiliencremesuppe (S. 46)
Rosa gebratene Entenbrust mit glasiertem Rosenkohl
Crème brûlée mit Apfelragout (S. 114)

GETRÄNKEEMPFEHLUNG
Dazu passt ein moderner, fruchtiger Rotwein, z.B. ein 1997er Côtes du Rhône ‚Les Forots Vieilles Vignes' (Rhone)

1. Die Entenbrüste waschen und trocknen. Die Haut rautenförmig einschneiden. Das Öl in einer Pfanne erhitzen und die Brüste mit der Hautseite nach unten in die Pfanne legen. Scharf anbraten, mit Salz und Pfeffer würzen und unter Wenden braten, bis beim Anstechen rosa Saft austritt.

2. In der Zwischenzeit den Rosenkohl waschen und putzen, die Blätter einzeln von den Röschen ablösen und in kochendem Salzwasser kurz blanchieren. In eiskaltem Wasser abschrecken und gut abtropfen lassen.

3. Die Butter in einer Pfanne erhitzen und die Rosenkohlblätter darin schwenken, mit dem Puderzucker bestäuben und unter Wenden glasieren. Mit Zitronensaft und Portwein ablöschen und bei schwacher Hitze noch kurz garen, nicht bräunen. Eventuell etwas Wasser angießen.

4. Die fertig gebratenen Entenbrüste aus der Pfanne nehmen, vor dem Aufschneiden etwas ruhen lassen. Das Bratfett aus der Pfanne abschütten, die Zitronenschale in die heiße Pfanne geben, mit Sojasauce ablöschen und aufkochen lassen.

5. Die Rosenkohlblätter fächerartig auf den Tellern anrichten und mit den in Scheiben geschnittenen Entenbrüsten belegen. Abschließend mit dem Zitronenbratsaft überziehen und servieren.

Frank Buchholz: Mein Profi-Tipp
Rosenkohl ist ein Gemüse, dem ein bisschen Frost richtig gut tut. Seine Zellstrukturen werden dadurch aufgelockert und die Röschen werden leichter verdaulich.

Variation
Rahmrosenkohl

für 4 Personen

Zubereitungszeit:
ca. 35 Minuten

FÜR DEN RAHMROSENKOHL:
500 g Rosenkohl
1 Schalotte
15 g geräucherter
Schinkenspeck
1 TL Olivenöl
250 g Sahne
1 Bund Schnittlauch

1. Für das Rahmgemüse die Rosenkohlblätter einzeln ablösen und im kochenden Salzwasser blanchieren. In eiskaltem Wasser abschrecken und abtropfen lassen.

2. Die Schalotte schälen und klein würfeln. Den Speck ebenfalls in kleine Würfel schneiden. Beides in einer Pfanne im Öl goldgelb anbraten. Mit der Sahne auffüllen und das Ganze auf ein Drittel einkochen lassen. Mit Salz und Pfeffer abschmecken und den in feine Röllchen geschnittenen Schnittlauch dazugeben.

Kohl

Rotkrautsalat und Preiselbeeren mit gebratener Entenleber

für 4 Personen

Zubereitungszeit: ca. ½ Stunde
Ruhezeit: ca. 1 Stunde

FÜR DEN SALAT:
400 g Rotkohl
50 g grüner Eichblattsalat
50 g Friséesalat oder Feldsalat
1 TL Sherryessig
2 TL Nussöl
Salz
4 EL Preiselbeerkompott

FÜR DIE MARINADE:
4 EL Rotweinessig
3 EL Olivenöl
Salz
Zucker

FÜR DIE ENTENLEBER:
160 g Entenstopfleber
Salz
gemahlene Muskatblüte

MENÜVORSCHLAG
Rotkrautsalat und Preiselbeeren mit gebratener Entenleber
Fasanenbrust in weißer Pfeffercreme mit Apfelspalten (S. 110)
Crème brûlée mit Apfelragout (S. 114)

GETRÄNKEEMPFEHLUNG
Dazu passt ein aromatischer, dichter Rotwein, z.B. ein 1995er Les Terrasses Alvaro Palacios aus Priorato in Spanien

1. Den Rotkohl waschen, putzen und in sehr feine Streifen schneiden.

2. Für die Marinade Rotweinessig, Olivenöl, Salz und Zucker verrühren und die Rotkohlstreifen damit anmachen. Das Ganze etwa 1 Stunde ziehen lassen.

3. Den Eichblatt-, Frisée- bzw. Feldsalat putzen, waschen und in einer Salatschleuder trockenschleudern. Für das Salatdressing den Sherryessig, das Nussöl sowie wenig Salz verrühren. Den Salat mit dem Dressing anmachen.

4. Anschließend die Entenstopfleber waschen, trockentupfen, in dünne Scheiben schneiden und die Adern entfernen.

5. Die beiden grünen Salate auf den Tellern kreisförmig anrichten, das Rotkraut und die Preiselbeeren darauf verteilen.

6. In einer beschichteten Pfanne die Entenleberscheiben ohne Fett von beiden Seiten braten und anschließend mit Salz und gemahlener Muskatblüte würzen. Jeweils in die Mitte der Teller auf den Rotkrautsalat anrichten.

Frank Buchholz: Mein Profi-Tipp
Wenn es zeitlich drin ist, dann sollte man die Leber über Nacht in Milch einlegen. Da lösen sich selbst hartnäckige Schmutzpartikel.

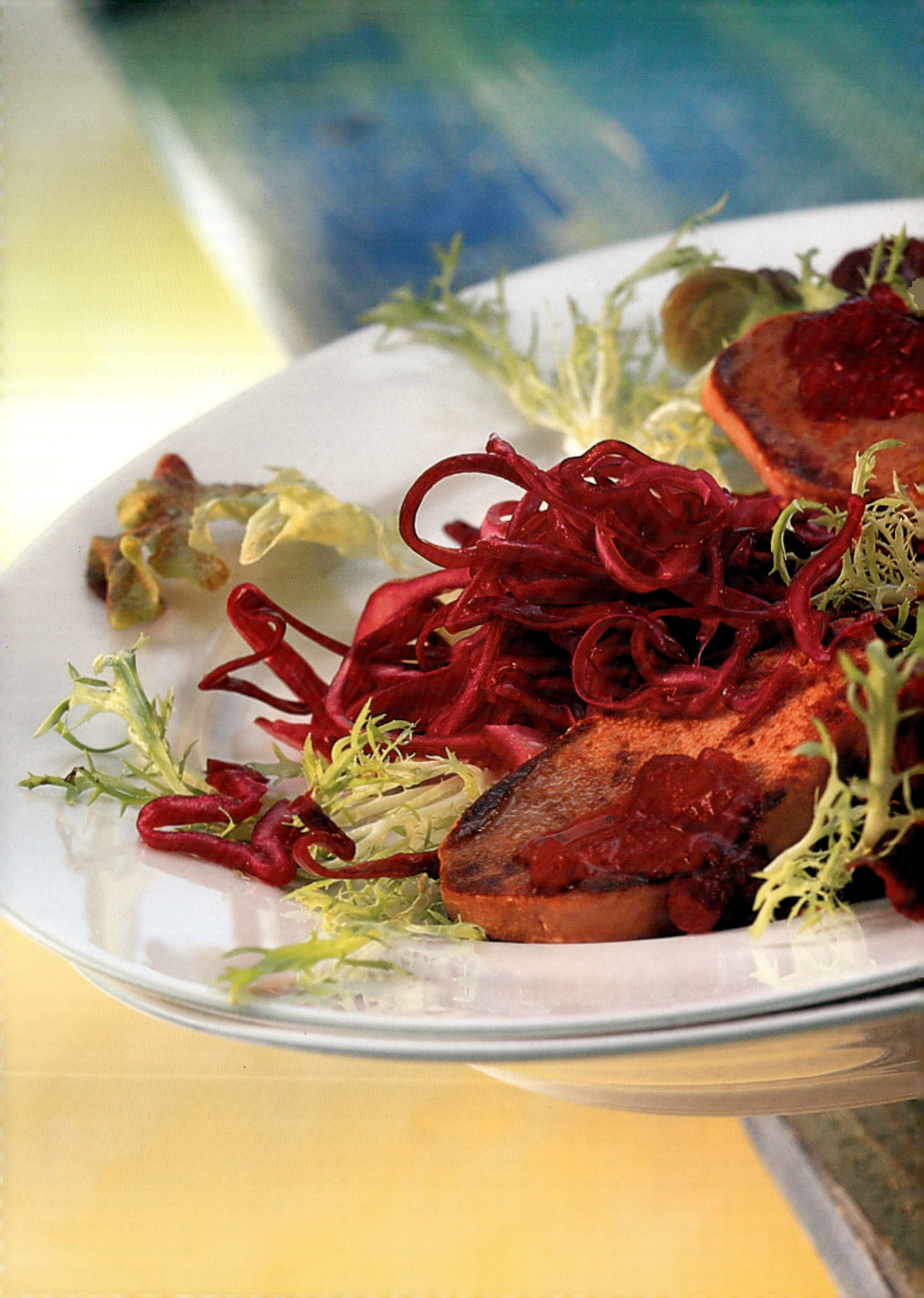

Kohl

Fasanenbrust im Spitzkohlmantel
für 4 Personen

Zubereitungszeit: ca. 1 Stunde

FÜR DIE FASANENBRUST:
2 küchenfertige Fasane à 1 kg
4–8 Spitzkohlblätter, blanchiert
Salz, weißer Pfeffer
4 Scheiben Gänsestopfleber von je etwa 30 g
etwas Butter zum Braten

FÜR DIE GEFLÜGELFARCE:
1 Hähnchenbrustfilet
Salz, Pfeffer aus der Mühle
Zitronensaft
2 EL eiskalte Sahne

FÜR DIE FASANENSAHNE:
2 weiße Zwiebeln, gewürfelt
1 Apfel geschält, gewürfelt
5 Gewürznelken
5 Wacholderbeeren
1–2 Lorbeerblätter
Butter zum Anbraten
230 ml Calvados
300 ml Apfelsaft
1/2 l Geflügelfond (S. 10)
750 g Sahne
Salz, Pfeffer aus der Mühle
Zitronensaft
etwa 1 EL eiskalte Butter

FÜR DAS APFEL-ROSMARIN-PÜREE:
3 Äpfel, geschält u. geviertelt
1 EL Weißwein, 1–2 Gewürznelken
1 kleines Stück Stangenzimt
etwa 1 1/2 EL Zucker
3 EL Butter, 1 Zweig Rosmarin

MENÜVORSCHLAG
Petersiliencremesuppe (S. 46)
Fasanenbrust im Spitzkohlmantel
Kirschtartes (S. 138)

GETRÄNKEEMPFEHLUNG
Dazu passt ein Spätburgunder, z.B. ein trockener 1997er Spätburgunder Qualitätswein vom Weingut Schneider aus Endingen (Baden)

1. Die Fasanenbrüste auslösen, von Haut und Sehnen befreien und in den Kühlschrank legen. Keulen und Karkassen für die Fasanensahne zurücklegen. Die Spitzkohlblätter zwischen 2 Tüchern leicht flach klopfen.

2. Für die Geflügelfarce das Hähnchenbrustfilet mit Salz, Pfeffer und Zitronensaft würzen und gut kühlen. Im Mixer pürieren, nach und nach die Sahne zufügen und die Farce durch ein feines Sieb in eine Schüssel streichen. Pikant würzen und auf Eis sehr gut durchkühlen lassen. (Eiswürfel in eine weite Schüssel geben, mit kaltem Wasser knapp bedecken, die Schüssel mit der Farce in das Eisbad stellen).

3. Für die Fasanensahne die Keulen der Fasane ablösen und mit Salz und Pfeffer würzen. Die Karkassen grob hacken. Keulen und Karkassen mit Zwiebeln, Apfel und Gewürzen in etwas Butter anschwitzen und mit Calvados, Apfelsaft und Geflügelfond ablöschen. Etwas einkochen lassen, Sahne zufügen und die Sauce offen köcheln lassen, bis sie die gewünschte Konsistenz hat. (Sind die Keulen weich, kann man sie herausnehmen und später mit Salat anrichten.) Die Fasanensahne durchpassieren und mit Salz, Pfeffer und Zitronensaft abschmecken

4. Für das Apfel-Rosmarin-Püree die Apfelviertel mit Wein, Nelken, Zimt und Zucker weich kochen und durchpassieren. Butter mit dem Rosmarinzweig in einer Pfanne erhitzen und bräunen lassen. Ohne den Rosmarin unter das Püree heben.

5. In die Fasanenbrüste jeweils eine Tasche einschneiden, aufklappen und mit etwas Geflügelfarce bestreichen. Die Gänsestopfleber mit Salz und Pfeffer würzen, rundherum mit etwas Farce bestreichen, in die Taschen legen und diese zusammenklappen. Die Brüste rundherum salzen, pfeffern und ebenfalls mit Farce bestreichen.

6. Den Backofen auf 100 °C vorheizen. Auch die Spitzkohlblätter mit etwas Farce bestreichen, leicht andrücken und die Fasanenbrüste einzeln darin einwickeln. Rundherum in etwas Butter anbraten und auf einem Gitter (mit Blech darunter) im Ofen in etwa 15 Minuten garen. Etwas ruhen lassen, dann schräg in Scheiben schneiden.

7. Fasanenbrust mit Apfel-Rosmarin-Püree anrichten. Zur Fasanensahne die Butter zufügen und mit dem Mixstab aufschlagen und zum Fleisch geben.

Frank Buchholz: Mein Profi-Tipp

Je kleiner, desto feiner: Das Fleisch eines kleinen Fasans ist zarter und saftiger.

Variation
Wirsingmantel
für 4 Personen

Zubereitungszeit:
ca. ¼ Stunde

ZUTATEN:
1 Wirsingkohl
Salz

1. Vom Wirsing die äußeren Blätter abschneiden. Den Strunk kreuzweise tief einschneiden. Den Wirsing mit dem Strunk nach oben in kochendes Salzwasser geben und darin etwa 4 bis 6 Minuten garen, dann herausnehmen und gut abtropfen lassen. Die Blätter vorsichtig ablösen und in Eiswasser abschrecken und trockentupfen.

2. Dicke Rippen flach schneiden. Die Blätter lassen sich dann besser einrollen. Anschließend beliebig belegen und aufrollen.

Kirschen

Die Kirschblüte ist jedes Jahr wieder ein Schauspiel der ganz besonders eindrucksvollen Art. Da überziehen blühende Bäume die Landschaft mit einem weichen weißen Kleid, durchsetzt von rosa Sprenkeln und signalisieren in leuchtenden Farben: Der Frühling ist angebrochen – Sonne, Blumen, Gefühlsausbrüche. Und dann, pünktlich zum Sommerbeginn, liefern just diese Bäume ihre Früchte ab. Knallrot, saftig, süß. Wie könnte man eine Jahreszeit schöner begrüßen?

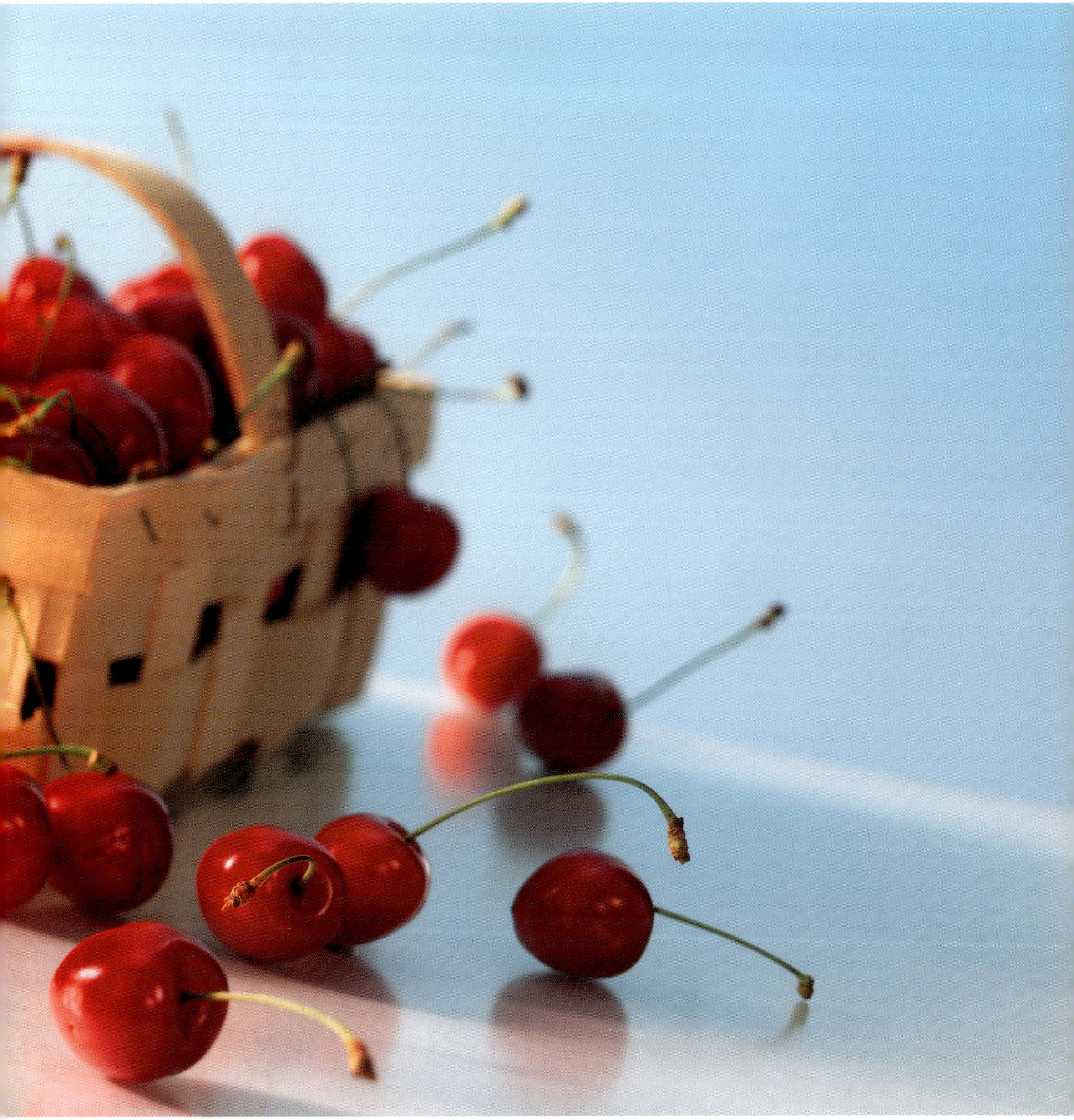

Warenkunde

Kirschen

Seit 3000 Jahren ernten die Menschen Kirschen. Die Chinesen pflückten als Erste die noch wilden Früchte, die alten Römer kultivierten sie schließlich. Heute wachsen Kirschen überall im gemäßigten Klima der Nordhalbkugel – in Italien, Frankreich, den USA, Griechenland, der Türkei und natürlich in Deutschland: Hier gibt es fast 15 Millionen Kirschbäume, mehr als in irgendeinem anderen Land der Welt.

Kirschsorten

Rund 400 Sorten Kirschen sind bekannt. Die kleinen aromatischen Früchte werden in drei Gruppen eingeteilt: süße, saure und Brennkirschen. Neben den Farben variieren dabei auch die Formen je nach Sorte: von gleichmäßig rundlich bis leicht länglich und oval.

Süßkirschen: Herzkirschen haben ein weiches Fruchtfleisch, Knorpelkirschen ein festeres.
Sauerkirschen: auch Weichsel genannt. Ihre Farbpalette reicht von Hell- bis Dunkelrot. Die große und dunkelfleischige Schattenmorelle ist die bekannteste Sauerkirschsorte. Besonders aromatisch schmeckt die hellrote Marascakirsche aus Dalmatien. Sie wird zur Herstellung des berühmten Maraschino-Likörs verwendet.
Bastardkirschen: eine Kreuzung aus Süß- und Sauerkirsche. Auf dem deutschen Markt haben sie kaum Bedeutung. Die bekannteste Sorte: Königin Hortense.

Geschmack

Von süß bis säuerlich. Kirschen haben viele Ballaststoffe und sind eine gute Quelle für Vitamin A und Kalium – dunkle Früchte mehr noch als helle.

Verwendung

Süßkirschen schmecken am besten frisch gepflückt, gekauft, gewaschen – und guten Appetit. Sie passen aber auch gut zu Eis, Joghurt, Quark und bilden die Grundlage für sommerliche Kaltschalen. Man kann aus ihnen Kompott machen, Marmelade kochen, sie als Kuchenbelag und für süße Aufläufe einsetzen. Auch zum Entsaften und zur Fruchtweinherstellung sind Kirschen geeignet.
Passende Gewürze/Kräuter
Zimt, Zucker, Balsamico, Grand Marnier, Kirschlikör.

Einkaufstipps

Die Frühsorte Kassins Frühe, eine schwarze Herzkirsche, erscheint schon Anfang Juni in Deutschland. Ab Mitte Juni gibt's dann die Sorte Tragana aus Griechenland und etwas später Große Germersdorfer aus Ungarn, Duroni, Ferrovia und noch etwas später Bella Italia und Cornale aus Italien. Frankreich steuert dann noch Bigarreaux und neuerdings zusehends die Sorte Vignola bei.

Kirschen werden je nach Sorte von Mai bis September geerntet und in den Güteklassen Extra, I und II gehandelt.

Aufbewahrung
Früchte bald essen oder verarbeiten. Im Kühlschrank nicht zusammen mit stark riechenden Lebensmitteln lagern, sie neigen dazu, fremde Gerüche anzunehmen. Kirschen kann man gut einfrieren, entweder als ganze Frucht oder auch entsteint.

Tipp: Kirschen schmecken zu der Jahreszeit am besten, in der sie reif und frisch sind, und dann sollte man die kurze Zeit auch reichlich auskosten.

Zubereitungstipp
Die Kirschen eignen sich am besten zum Einmachen. Dabei geht kein Aroma verloren, und man kann sie später einfach weiterverarbeiten.

133

Kirschen

Gebratene Geflügelleber mit Balsamicokirschen
für 4 Personen

Zubereitungszeit:
ca. 1/2 Stunde

FÜR DIE BALSAMICOKIRSCHEN:
250 g dunkle Herzkirschen
2 EL Zucker
2 EL roter Portwein
250 ml Kirschsaft
20 g eiskalte Butter
2–3 EL Aceto balsamico

FÜR DIE GEFLÜGELLEBER:
250 g Geflügelleber
1 TL Salz
weißer Pfeffer aus der Mühle
1 EL Mehl
Öl zum Braten

MENÜVORSCHLAG
Kartoffelrösti mit Gemüsetatar
(S. 102)
Gebratene Geflügelleber mit
Balsamicokirschen
Apfel-Brombeer-Streusel
(S. 82)

GETRÄNKEEMPFEHLUNG
Dazu passt ein würziger
Zinfandel, der nach Kirsche
und Pflaumen duftet, z.B.
ein 1995er Zinfandel Madrona
Vineyards aus Kalifornien
(USA)

1. Die Kirschen waschen, entstielen, halbieren und entsteinen.

2. Den Zucker in einer Kasserolle karamellisieren lassen, mit dem Portwein ablöschen und diesen etwas einkochen lassen.

3. Den Kirschsaft zufügen und die Flüssigkeit offen auf die Hälfte einkochen. Die eiskalte Butter in Stückchen einrühren und anschließend den Aceto balsamico hinzufügen.

4. Die von allen Häuten und Adern befreite Geflügelleber in 4 Scheiben schneiden, mit Salz und Pfeffer würzen und rundum mit dem Mehl bestäuben. Das Mehl etwas andrücken. Den Backofen auf 180 °C vorheizen.

5. In einer ofenfesten Pfanne das Öl erhitzen. Die Leber im heißen Öl auf einer Seite Farbe annehmen lassen, umdrehen und mitsamt der Pfanne in den Backofen stellen. Den Ofen ausschalten und die Leber bei geöffneter Tür 2 bis 3 Minuten durchziehen lassen.

6. Die Kirschen im Balsamicofond nur kurz durchschwenken, sodass sie nicht zu heiß werden. Sofort auf 4 Tellern verteilen und die gebratene Geflügelleber darauf anrichten.

Frank Buchholz: Mein Profi-Tipp
Falls keine frischen Kirschen zu bekommen sind, kann man auch eingeweckte nehmen, zum Beispiel gezuckerte Schattenmorellen.

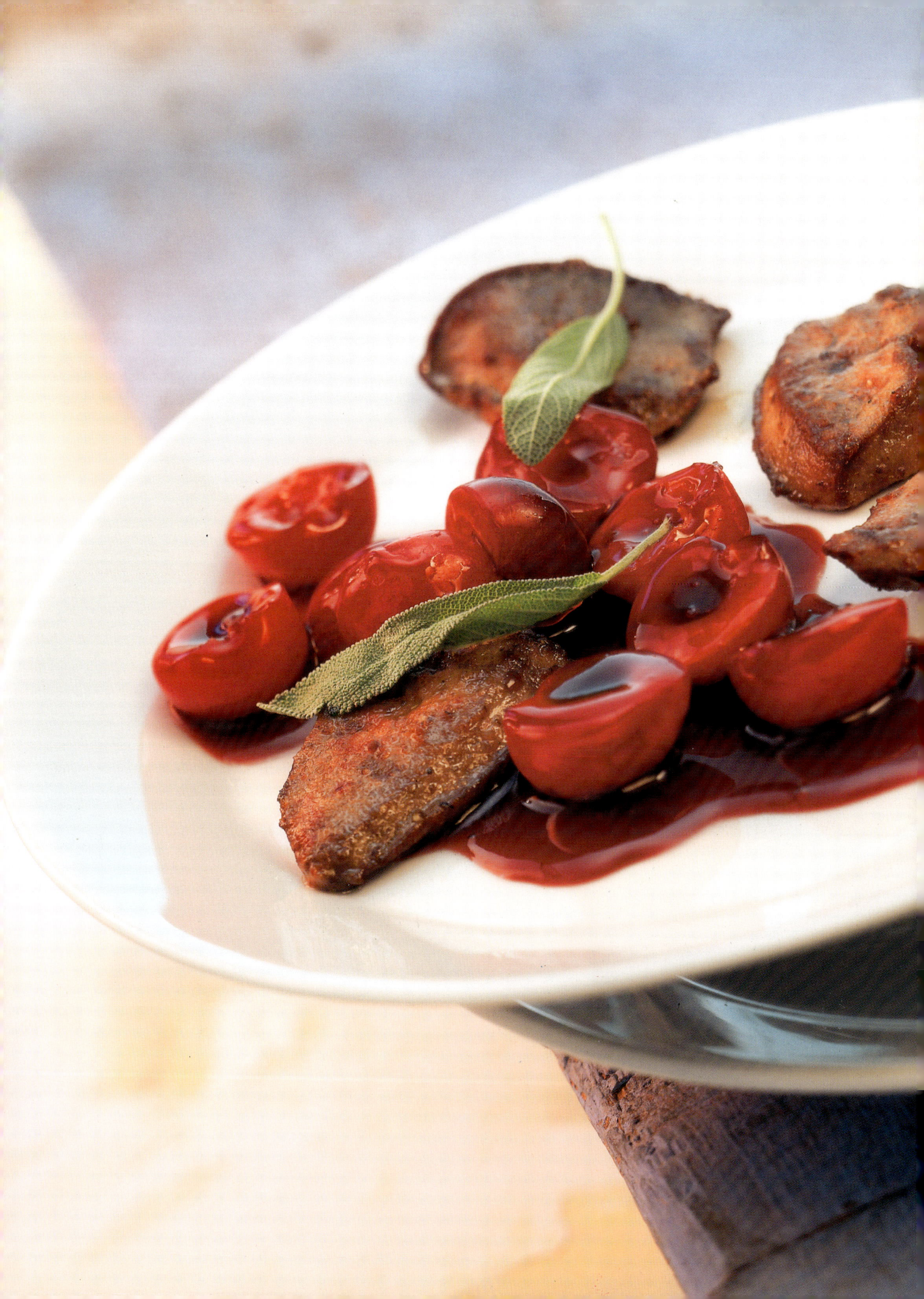

Kirschen

Millefeuille von Buttermilchmousse mit Kirschen

für 4 Personen

Zubereitungszeit: ca. 3/4 Stunde

FÜR DIE BUTTERMILCHMOUSSE:
400 g Buttermilch
3 Blatt Gelatine
120 g Zucker
Saft von 1 Zitrone und
2 Limetten, 750 g Sahne
500 g Kirschen
Puderzucker
etwas Grand Marnier
4 Minzblätter zum Garnieren

FÜR DIE MANDELBLÄTTER:
75 g Zucker, 2 EL Mehl
2 EL Orangensaft
gut 1 EL flüssige Butter
1 1/2 EL gehackte Mandeln
1 1/2 EL Mandelgrieß

ZUM ANRICHTEN:
Grand Marnier, Puderzucker

MENÜVORSCHLAG
Blumenkohlröschen mit Karotten und gebratenen Garnelen
(S. 122)
Lasagne vom Lachs (S. 66)
Millefeuille von Butter-
milchmousse mit Kirschen

GETRÄNKEEMPFEHLUNG
Dazu passt ein aromatisches Kirschwasser, z.B. von
St. Georges Spirits aus
Kalifornien (USA)

1. Buttermilch in eine Schüssel geben, Gelatine in kaltem Wasser einweichen. Zucker auflösen mit Zitronen- und Limettensaft leicht erwärmen, bis er sich auflöst. Gelatine ausdrücken, einrühren und durch ein Sieb in die Buttermilch geben.

2. Die Buttermilch auf einem Eiswasserbad kalt rühren. Anschließend die Sahne leicht schlagen und unterheben. Kalt stellen.

3. Die Kirschen waschen, entstielen und entsteinen und die Hälfte davon mit etwas Puderzucker pürieren, passieren und mit Grand Marnier abschmecken.

4. Für das Mandelblatt den Zucker mit dem gesiebten Mehl vermischen. Orangensaft und die Butter verrühren und mit Mandeln und Mandelgrieß unterrühren. Den Teig etwas quellen lassen und kalt stellen. Den Backofen auf 180 °C vorheizen.

5. Aus einem Stück Pappe einen Kreis (Ø 6 cm) herausschneiden. Ein Blech mit Backpapier belegen, die Pappe darauf legen und den Teig mit einer Teigkarte darüber streichen, sodass, wenn die Pappe abgehoben wird, ein sehr dünner Kreis auf dem Blech zurückbleibt (siehe Fotos unten). Auf diese Weise 8 Teigkreise auf das Blech streichen und im Ofen ausbacken. Das Backpapier mit den Teigblättern vom Blech ziehen und die Blätter auskühlen lassen.

6. Etwas Buttermilchmousse in die Mitte jedes Tellers geben und ein Mandelblatt darauf geben. Nun mit dem Spritzbeutel einen Ring Mousse auf das Mandelblatt spritzen. Die restlichen Kirschen in kleine Würfel schneiden und mit Grand Marnier und Puderzucker marinieren. 1 Löffel davon in die Mitte der Mousse geben.

7. Das nächste Mandelblatt mit Puderzucker bestreuen und obenauf setzen. Noch einmal einen Punkt Mousse aufspritzen und mit einem Minzblatt garnieren. Die Kirschsauce um die Buttermilchmousse ringförmig angießen.

Mandelblätter zubereiten:
Aus einem Stück Pappe einen Kreis herausschneiden.
Die Pappe als Schablone zum Ausstreichen des Teiges auf das Backblech verwenden, indem der Teig innerhalb des ausgeschnittenen Kreises dünn ausgestrichen wird.

Variation
Krokantblätterteig
für 4 Personen

1. Den Ofen auf 250 °C vorheizen. Den Blätterteig auftauen und dünn ausrollen. Teigkreise (Ø 5 cm) ausstechen und auf ein mit Wasser beträufeltes Backblech geben, mit einem Backgitter beschweren und 10 bis 15 Minuten backen. Abkühlen lassen.

2. Blätterteig dick mit Puderzucker bestreuen und unter dem Grill goldgelb karamellisieren lassen. Abkühlen und Vorgang auf der Rückseite wiederholen.

3. Die Krokantblätterteigblätter wie im Rezept links beschrieben anstelle der Mandelblätter verwenden.

Zubereitungszeit:
ca. 3/4 Stunde

FÜR DIE BUTTERMILCHMOUSSE:
siehe Rezept links

FÜR DEN KROKANTBLÄTTERTEIG:
300 g TK-Blätterteig
80 g Puderzucker

Kirschen

Kirschtartes
für 4 Personen

Zubereitungszeit:
ca. 1/2 Stunde

FÜR DIE TARTES:
4 Scheiben tiefgekühlter
Blätterteig
Mehl zum Ausrollen

FÜR DEN BELAG:
100 g gemahlene Haselnüsse
50 g Puderzucker
450 g Süßkirschen
Puderzucker zum Bestäuben
3 EL Kirschgelee oder
Aprikosenkonfitüre
1–2 EL Kirschwasser

MENÜVORSCHLAG
Gefüllte Zucchini (S. 52)
Lammrücken mit Oliven-Kräuter-Kruste (S. 42)
Kirschtartes

GETRÄNKEEMPFEHLUNG
Dazu passt ein kräftiges
Kirschwasser, z.B. von Arno
Dirker aus Mömbris (Franken)

1. Die Blätterteigscheiben nebeneinander liegend auftauen lassen. Den Teig auf der nur schwach bemehlten Arbeitsfläche etwas ausrollen, 4 runde Tarteböden (Ø 15 cm) ausstechen und diese auf ein mit kaltem Wasser abgespültes Backblech legen.

2. Für den Belag die Haselnüsse mit Puderzucker mischen, die Tartes damit bestreuen und jeweils einen 2 cm breiten Rand frei lassen. Den Backofen auf 220 °C vorheizen.

3. Die Kirschen waschen, entstielen und entsteinen. Die Früchte so auf den Blätterteigböden verteilen, dass der Rand rundherum ebenfalls frei bleibt.

4. Die Tartes auf der mittleren Schiene des Backofens in etwa 15 Minuten goldgelb backen. Den Rand mit Puderzucker bestäuben und diesen im Ofen in 3 bis 5 Minuten leicht karamellisieren lassen. Dann die Tartes herausnehmen.

5. Während die Tartes backen, das Kirschgelee oder die Aprikosenkonfitüre unter Rühren bei sanfter Hitze schmelzen und dabei mit dem Kirschwasser aromatisieren. Bei Bedarf durch ein feines Sieb streichen.

6. Die Kirschtartes mit der Gelee- bzw. Konfitürenmischung bestreichen, mit Puderzucker bestäuben und noch warm servieren.

Frank Buchholz: Mein Profi-Tipp

Statt der Aprikosenkonfitüre oder des Kirschgelees kann man auch selbst gemachte Süßkirschen-Marmelade nehmen.

Wenn der Blätterteig langsam über Nacht im Kühlfach auftaut, lässt er sich besser verarbeiten.

Ganz persönlich

Einer der Glaubensgrundsätze meiner Ausbildung lautete: Nur frische Produkte verwenden. Solch kulinarischer Purismus ist allerdings nicht immer angebracht. Gerade wenn es mal schnell gehen muss, tun es ausnahmsweise auch vorgefertigte Zutaten, so genannte Convenience-Produkte.

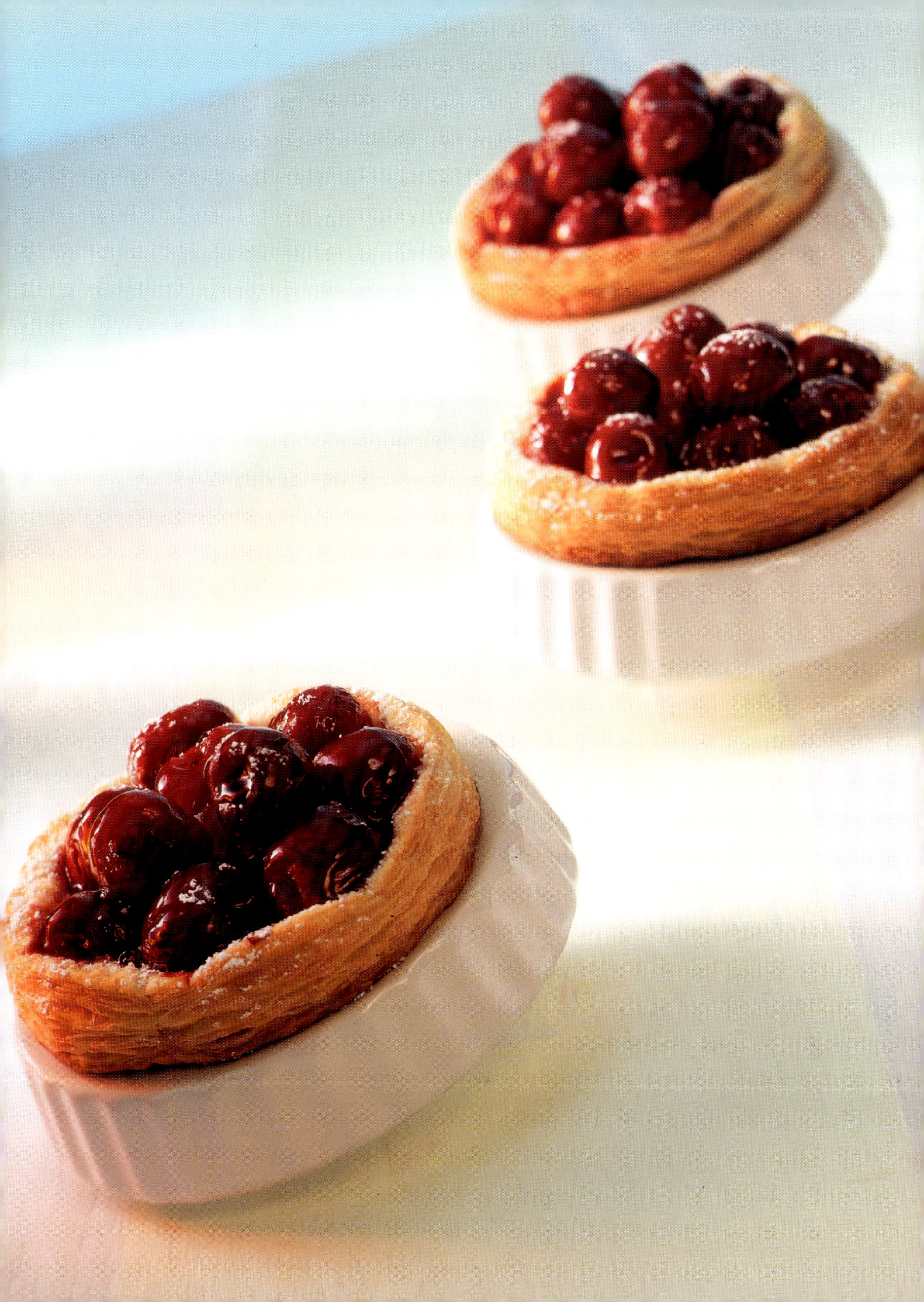

Rezeptverzeichnis

Apfel-Brombeer-Streusel 82
Apfelschmarren mit frischen
   Walnüssen 112
Auberginenmousse mit Zucchini auf
   Tomatensauce 58
Bandnudeln, hausgemachte,
   in Roquefortsauce 68
Basilikumgnocchi mit Tomaten-
   gemüse 70
Birnenschmarren 113
Blumenkohlröschen mit Karotten
   und gebratenen Garnelen 122
Cassoulet von Pilzen 92
Champignons, gebackene 91
Crème brûlée mit Apfelragout 114
Entenbrust, rosa gebratene,
   mit glasiertem Rosenkohl 124
Fasanenbrust im Spitzkohl-
   mantel 128
Fasanenbrust in weißer Pfeffercreme
   mit Apfelspalten 110
Feldsalat mit Kartoffeldressing und
   Rotbarbenfilet 104
Fischfond 10
Focaccia, toskanische, mit Mozzarella
   und gebratenen Tomaten 20

Gazpacho 18
Geflügelfond blanc 10
Geflügelleber, gebratene, mit Balsamico-
   kirschen 134
Gemüsebrühe 11
Himbeeromelett, Wiener 76
Honigkaramell mit Mozzarella und
   Waldbeeren 79
Honigkaramell mit Ziegenfrischkäse
   und Himbeeren 78
Kalbsbries mit Gemüse und karamelli-
   sierter Löwenzahnwurzel 44
Kalbsfond 11
Kartoffelchips mit Lachs und
   Rucola 100
Kartoffelravioli mit Pfifferlingen 88
Kartoffelrösti mit Gemüsetatar 102
Kirschtartes 138
Kräutercremesuppe 47
Krokantblätterteig 137
Kürbismousse 59
Lammrücken mit Oliven-Kräuter-
   Kruste 42
Lammsauce 43
Lasagneblätter, hausgemachte 67
Lasagne vom Lachs 66
Mais-Tomaten-Terrine 16
Mayonnaise, selbst gemachte 19
Millefeuille von Buttermilchmousse
   mit Kirschen 136
Morchelsauce, hausgemachte 31

Nudeln, hausgemachte 95
Nudelsalat, lauwarmer, mit
   marinierten Champignons 94
Ofentomaten 23
Panna cotta mit Beerenragout 80
Petersiliencremesuppe 46
Pfifferlingtatar mit Artischocken und
   Spargel 28
Rahmrosenkohl 125
Ricottaravioli mit Olivenvinaigrette 64
Rotkrautsalat und Preiselbeeren mit
   gebratener Entenleber 126
Rucolasalat mit Kartoffeldressing
   und Räucherlachs 105
Safransauce 35
Sauce tatar, selbst gemachte 103
Scheiterhaufen 116
Scheiterhaufen mit Kirschen 117
Schupfnudeln 71
Spargelcremesuppe 32
Spargel mit Beaujolaissauce 34
Spargel-Morchel-Ragout 30
Stachelbeer-Johannisbeer-
   Streusel 83
Steinpilze, gebackene 90
Thunfischcarpaccio mit Grill-
   tomaten 22
Vinaigrette, selbst gemachte 55
Wiener Himbeeromelett 76
Wirsingmantel 129
Ziegenkäse, junger, in Zucchinistreifen
   mit Vinaigrette 54
Zitronenstrauchauflauf mit Ananas-
   salbei-Krapfen 40
Zucchini, gefüllte 52
Zucchiniblüten, gebackene 56

Register

Äpfel   106, 108
Austernpilze   86
Basilikum   38
Beeren   72, 74
Blumenkohl   120
Boskop, roter   108
Braeburn   108
Cannelloni   62
Champignon, brauner   86
Champignons   86
Cox' Orange   108
Dill   38
Elstar   108
Erdbeeren   74
Estragon   38
Farfalle   62
Fettucine   62
Fusilli   62
Gnocchi   62
Golden Delicious   108
Granny Smith   108
Himbeeren   74
Johannisbeeren   75
Kartoffeln   96, 98
Kerbel   38, 39
Kirschen   130, 132
Kohl   118, 120
Kräuter   36, 38
Lasagne   62

Maccheroni   62
Nudeln   60, 62
Oregano   38
Penne   62
Petersilie   39
Pilze   84, 86
Ravioli   62
Rigatoni   62
Rosenkohl   120
Rosmarin   38
Rotkohl   120
Rucola   39
Salbei   38
Schnittkräuter   39
Shiitake-Pilze   86
Spaghetti   62
Spargel   24, 26
Spätzle   62
Stachelbeeren   74
Tagliatelle   62
Thymian   38
Tomaten   12, 14
Tortellini   62
Waldpilze   86
Wirsing   120
Zucchini   48, 50

Abkürzungen

ml = Milliliter
l = Liter
g = Gramm
kg = Kilogramm
TL = Teelöffel
EL = Esslöffel
cm = Zentimeter
ca. = circa
Pck. = Packung
Msp = Messerspitze

Für Sie an Feder und Auslöser

Dass zur Entstehung eines solchen Kochbuches eine Menge Leute beitragen, ist wohl allen klar. An dieser Stelle möchte ich diese Mannschaft einmal in Wort und Bild vorstellen.

Balu

Meine Familie
Vielen Dank zuerst an meine Frau Susanne, die mich bei der Arbeit an diesem Buch trotz Schwangerschaft tatkräftig unterstützt hat. So ziemlich genau zwischen Manuskript- und Umbruchphase kam dann unser Sohn Jonas zur Welt. Seitdem ist nichts mehr wie es war – und das ist absolut o.k. Ihm, Buchholz junior, möchte ich dieses Buch widmen.

Frank Buchholz mit Frau Susanne und Sohn Jonas

Das FALKEN Team
Dazu gehört die Redaktion, in der das Buch geboren und bis zu den fertigen Texten und Fotos betreut wurde. Mit dieser Aufgabe waren der Programmleiter Dr. Gerhard Kebbel sowie die Redakteurin Tanja Schindler betraut. Sowie die Herstellung, die für die gelungene Gestaltung des Buches sorgte. Während Petra Zimmer den Innenteil übernahm, sorgte Peter Udo Pinzer für das rechte Gewand meines Buches. Dass das gute Stück die richtige PR bekommt, dafür setzt sich Presseleiter Michael Meier ein.

Das Fototeam
Die Rezepte setzte Amos Schliack zusammen mit seinem Foodstylisten Roland Geiselmann gekonnt in Szene und ließ Spargel, Tomaten und Co. im rechten Licht erscheinen. Auf der dreitägigen Tour rund um Mainz, während der wir die Fotos mit mir als Hauptdarsteller machten, hatten wir jede Menge Spaß.

An dieser Stelle möchte ich all denjenigen danken, die sich gemeinsam mit mir für dieses Buch ablichten ließen. Hier sind im Einzelnen zu nennen:

J. B. Becker Weinbau-Weinhandel, Rheinstraße 5 – 6, 65396 Walluf im Rheingau
H. + B. Blatt, Fruchtimport – Französische Spezialitäten, Dürkheimerstr. 83, 67227 Frankenthal

Foodstylist Roland Geiselmann

Von links nach rechts:
Dr. Gerhard Kebbel, Michael Meier, Tanja Schindler, Frank Buchholz, Balu, Amos Schliack, Petra Zimmer, Susanne Schaaf mit Jonas

Gärtnerei Benno Schäfer, Blierweg 19,
65102 Wiesbaden
Spargelhof Schneider, An der Steig 12,
55271 Stadecken-Elsheim
Otzberg-Kräuter, Gewürzpflanzengärtnerei,
Erich-Ollenhauer-Str. 87 a, 65187 Wiesbaden
Restaurant Am Bassenheimer Hof, Acker 10,
55116 Mainz

Das Autorenteam

Ein herzliches Dankeschön geht an Caro Maurer sowie an Claudia Schmidt, die mich beim in Form bringen der Texte für dieses Buch tatkräftig unterstützten.
Ganz besonders möchte ich mich bei Christina Fischer, der Weinexpertin, bedanken. Ihre kompetenten Weinempfehlungen runden meine Rezepte erst so richtig ab.

**Weinexpertin
Christina Fischer**

Im FALKEN Verlag sind zahlreiche Titel zum Thema „Essen und Trinken" erschienen.
Sie erhalten sie überall dort, wo es Bücher gibt.

Sie finden uns im Internet: **www.falken.de**
Besuchen Sie auch die Internetseiten von Frank Buchholz unter: **www.frank-buchholz.de**

Dieses Buch wurde auf chlorfrei gebleichtem und säurefreiem Papier gedruckt.

Der Text dieses Buches entspricht den Regeln der neuen deutschen Rechtschreibung.

ISBN 3 8068 7478 6

© 1999 by FALKEN Verlag, 65527 Niedernhausen/Ts.
Die Verwertung der Texte und Bilder, auch auszugsweise, ist ohne Zustimmung des Verlags urheberrechtswidrig und strafbar. Dies gilt auch für Vervielfältigungen, Übersetzungen, Mikroverfilmung und für die Verarbeitung mit elektronischen Systemen.

Umschlaggestaltung: Peter Udo Pinzer
Layout: red.sign, Stuttgart
Redaktion: Tanja Schindler
Lektorat: Claudia Schmidt
Verfassen der Fließtexte: Caro Maurer
Weinempfehlungen: Christina Fischer
Gestaltung und Herstellung: Petra Zimmer
Umschlagfotos: Amos Schliack, Hamburg
Rezeptfotos: Amos Schliack, Hamburg
Foodstyling: Roland Geiselmann
Weitere Fotos im Innenteil: Amos Schliack, Hamburg

Gesamtherstellung: FALKEN Verlag, D-65527 Niedernhausen/Ts.

817 2635 4453 6271